JN293999

聞き手
あん・まくどなるど

海幸無限
ETERNAL SEA

宮原九一
元全漁連会長

G. PAM COMMUNICATIONS
ANNE'S TOP GUN SERIES 2
清 水 弘 文 堂 書 房

海幸無限　ETERNAL SEA　目次

S T A F F

SUPERVISOR & ADVISER 坂井 淳（社団法人 全国漁港協会会長）

■

PRODUCER , DIRECTOR, ART DIRECTOR & EDITOR 礒貝 浩

ASSISTANT PRODUCER あん・まくどなるど

ASSISTANT EDITOR 関端裕理子 教蓮孝匡

COVER DESIGNERS 二葉幾久

DTP OPERATOR 石原 実

PROOF READERS 教蓮孝匡

ASSISTANT 加藤真沙美（ドリーム・チェイサーズ・サルーン・ジュニア）

■制作協力/ドリーム・チェイサーズ・サルーン・ジュニア■

（旧創作集団ぐるーぷ・ぱあめ '90）

写真撮影■礒貝 浩

写真提供■宮原九一　社団法人全国漁港協会　全国漁港海岸防災協会

※この本は、オンライン・システム編集と***DTP***（コンピューター編集）でつくりました。

「起」の章

宮原九一 （みやはら・くいち）

大正7（1918）年2月10日三重県北牟婁郡長島町で誕生／昭和11（'36）年函館高等水産学校（現北海道大学水産学部）入学・実習で太平洋一周／14（'39）年卒業・農林省就職／15（'40）年召集・幹部候補生・防空学校教官／18（'43）年幸子夫人と結婚／浜松で終戦／20（'45）年農林省から三重県水産業会（後の県漁連）へ／22（'47）年三重県潜水組合長／県漁連配給課長／29（'54）年県漁連参事／36（'61）年県漁連専務理事／このころ伊勢湾の公害と闘う／39（'64）年県議選落選・欧州で環境問題を勉強／44（'69）年県漁連会長／47（'72）年田川県知事誕生を支援／55（'80）年全漁連会長・全国豊かな海づくり大会を設営／61（'86）年県公安委員長／平成9（'97）年県漁連会長退任、名誉会長に／11（'99）年幸子夫人逝去／この間、審議会委員、団体役員等多数歴任／現漁村文化協会会長等／表彰：昭和63（'88）年勲2等瑞宝章等

あん・まくどなるど

カナダ初のAFS交換留学生として清教学園（大阪府在）に留学（1年間）／日本の文部省の奨学生として熊本大学へ留学（1年間）／ブリティッシュ・コロンビア大学東洋学部日本語科を主席で卒業／アメリカ・カナダ大学連合日本研究センター（旧スタンフォード・東京大学日本研究所）研究課程終了／富夢想野塾卒塾／創作集団ぐるーぷ・ぱあめ'90（現ドリーム・チェイサーズ・サルーン21）代表／上智大学コミュニティ・カレッジ講師／全国環境保全型農業推進会議委員（農林水産省関連）／元カナダ・マニトバ州駐日代表／株式会社清水弘文堂書房社外重役（現在取締役）／県立宮城大学専任講師（現在特任助教授）／社団法人　全国漁港協会理事／財団法人　地球・人間環境フォーラム客員研究員（環境庁・IPCC第三次評価報告書作成の支援および解析業務）／2001年度「水産ジャーナリストの会」年度賞受賞［年代順］

名前が「九一《くっぴん》のかぶ」!? 「おまえの家は博打打ちかい?」と友達が……。

MIYAHARA'S KEY WORD 1

八十四歳、まだ恋ができますよ。

宮原 大正七年二月十日生まれの、もう八十四歳ですからねえ。耳が遠く眼も悪いしねえ。

アン いえいえ、いつも思うんですが、男らしさがまだまだありますよ、宮原さんには。八十四歳には、見えないんです。とくに女性の目から見れば(笑い)。

宮原 まだ恋ができますよ(笑い)。自分で思っているだけで、相手にはしてもらえませんけど。

アン 大正七年っていうと、西暦……。

宮原 (即座に)一九一八年。

アン すごい記憶力ですね。わたしは去年なにが起きたのかも覚えていないタイプですから、ちょっと見習わないと。

宮原 昔のことはわりあい覚えている、最近のことよりもね。すっかり忘れかけていたことでも、ちょっと聞かれると自然にさあっと出てくる。多少、年代のずれがあるかもしれませんがね。

アン 九一っていうのはかわったお名前ですよね。これにはなにか謂われがあるんですか?

宮原 うちは紀伊長島の歴代漁師の家系。昔紀州の殿様が三重県までずっと藩を広げてきたときに、ついてきた。殿様

MIYAHARA'S KEY WORD 2
漁師の十六代目なんてたいしたことない。

MIYAHARA'S KEY WORD 3
屋号「九平治」の長男で「九一」。

MIYAHARA'S KEY WORD 4
母は四十一歳でわたしを産んで、九十一歳で亡くなった。わたしの名前と同じだけ生きた。

の家来の家来でしょうけどね。紀伊長島は三重県ですが、紀州の一番はずれなんです。その一番はずれの町の十六代目……漁師の十六代目なんて、たいしたことないんですけどね。

アン　いやあ、すごいですね。わたしは移民者の孫ですから、前に二代しか〝先祖〟がいない（笑い）。

宮原　わたしの名前の由来については、屋号が「九平治《くへいじ》」なんで、その屋号からとったんでしょうね。

アン　なるほど。

宮原　昔からわたしの田舎には「九平治屋」と、「なになに屋」とかいう呼び名があるの。商店の屋号とは違いますけども、まあ、先祖の誰かにいいのがいたからその人の名前が伝わって、屋号になったんでしょうね。

アン　兄弟はたくさんいらした？

宮原　兄貴がふたりおったんですが、一番上の兄貴は小さいころに死んじゃって、二番目の兄貴はおじさんの家を継いだ。それであと女がふたり。で、わたしがそのあとに産まれて、長男になったわけです。

アン　おもしろい兄弟構成ですね。

宮原　驚くなかれ、父親が五十九歳、母親が四十一歳のときにわたしは生まれて、「九」と「一」で九一。

アン　ええ!?　ご両親がそんな高齢のときにできた子どもですか。

宮原　母親は、わたしを四十一歳で産んで、死んだのが九十一歳。わたしの名前と同じだけ生きた（笑い）。

アン　九一が、どこまでもつきまといますね。

宮原　子どものときには、近所の人や知らない人は、わたしの名前を聞いて、「おい、宮原くん、おまえの家は博打打ちかい？」って言うんですね。「なんの話

■藤原道長の歌「此の世をば我が世とぞ思ふ望月の欠けたる事も無しと思へば」■

や?」って問いただすと、「九一《くっぴん》のかぶ」って言う。

アン　なんですかそれは?

宮原　親の総どりっていうことね。四と一だと「しっぴん」といって賭け金が全部、子にいっちゃうわけね。親が九と一を出したらね、あらゆる数より最優先。ようするにオールマイティーやね。わたしもこれは知らなかったんですけどね。

アン　**(笑いながら)** なるほど。そういえば、日本語ではそういう言葉遊びができますよねえ。

宮原　もうひとつ名前の話——子どものときに、「九一」だからみんな「十(とう)」としか呼ばないんだよ。昔、『ヤジキタ道中記』の作者で十返舎一九という人がいましたが、「一九がよくて、なんで九一があかんのや」と抗議したりしてね。

小学校五年のとき、校長先生が黒板に「九」と「一」と書いて、きみたちは宮原君のことを十さんと呼んでいるらしいが、ぼくは彼のお父さんに名前の由来を聞いたことがある、と。校長先生によれば、藤原道長の歌に『月がまんまるに満つれば欠ける世のならい』というのがある。九と一は、まさに満月とならんとする状態、九と一とを足して十、すなわち満となるんだよ、と。

アン　**(感心した様子で)** はあ、なるほど。

宮原　こういうことで、宮原のお父さんは名前をつけたんだよと、校長先生がみんなに話した。校長先生が考えた話だと思うけど……親父がそんなことでつけたわけがないけどね **(笑い)**。で、それはいいことを聞いたと思って、それからあちこちで名前のことを聞かれたら、わたしはかならずこの話をすることにしてる。

アン　その先生は、気くばりの人だったんでしょうね。名前でいじめられないようにって……それにしても、名前でそういった物語がたくさんあるのは、うらやましいですね。わたしの名前は「アン」それだけ（笑い）。まったく物語にはならない名前ですから。

宮原　水産庁長官で五六さんという人がいた。山本五十六も有名ですね。考えてみたら、まあ、こういうのは、ようけあるんですよ、この時代には。二十年前に福岡へ行ったら、そのときの知事さんが八二。「あんたはわたしより大分年下やね」と言ったりしてね（笑い）。

アン　ご自分のお名前、気にいってる？

宮原　子どものころはこの名前が嫌いでねえ……それに女房なんかも困ったと思うんだよ。「おたくの九一様が……」なんて言われるとねえ（笑い）。いやあ、本当の話。女房の話が出たから申しますけど、口説き文句は、「Once, only once」――今思い出しましたけどシェークスピアの言葉。「一度、ただ一度、そしてただ、ひとり」

アン　ロマンティック!!　奥さんが、うらやましい。そういう男に会いたいものです（笑い）。

宮原　いやあ、女房とはオンリー・ワンスの出会いだったからねえ。女房の話が出たところで、名前のことは終わり（笑い）。

アン　オーケー。

MIYAHARA'S KEY WORD　5

女房を口説いた言葉

「Once, only once！（ただ一度、そしてただ、ひとり）」

九一　14歳　子どものころの写真は戦時消失　これしか残っていない

名前が「九一のかぶ」!?「おまえの家は博打打ちかい？」と友達が……。

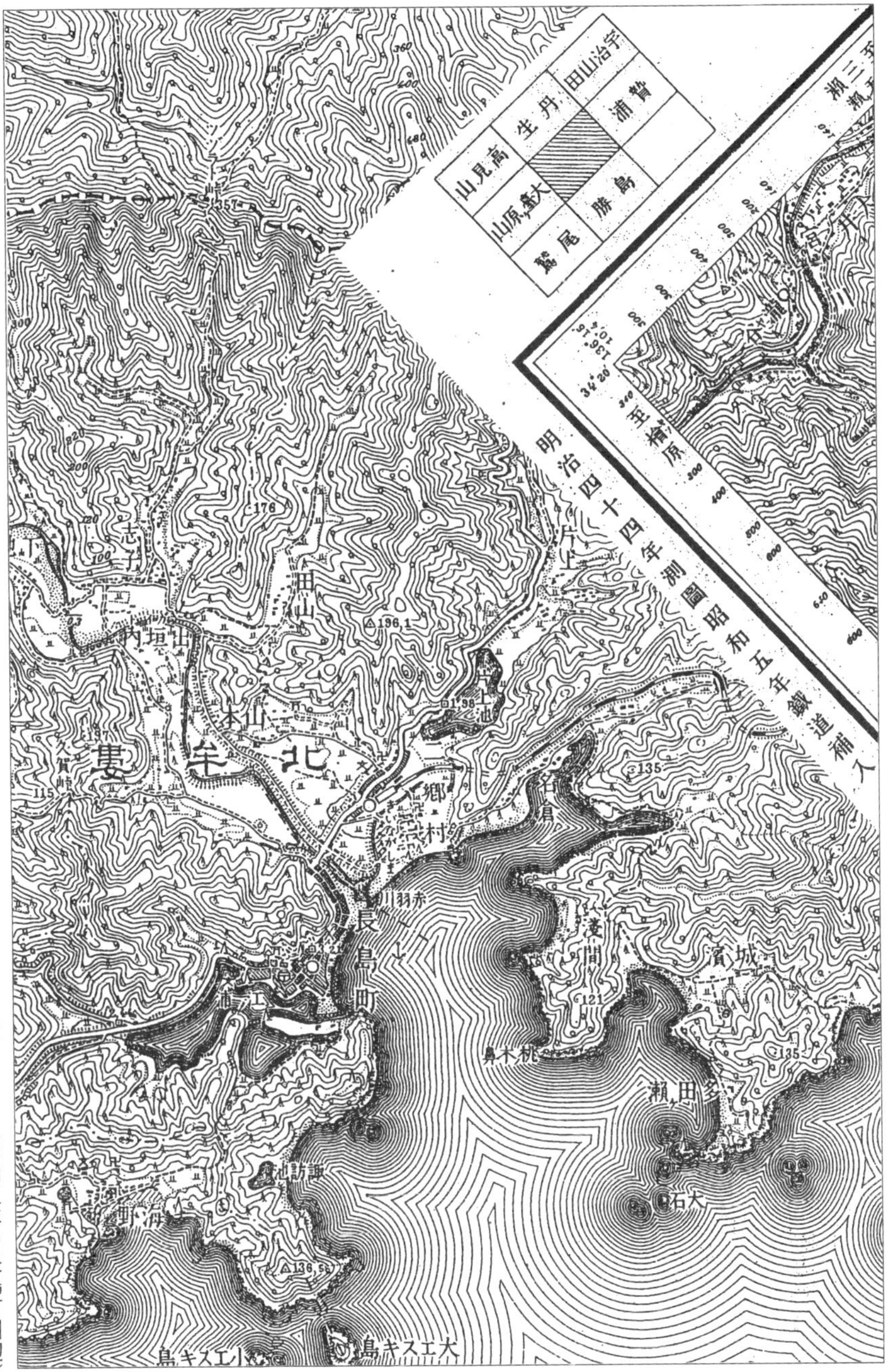

鉄道が通ったころ（昭和五年の長島町周辺）

親父はむっつのときに亡くなって……
おふくろの思い出。

宮原　親父はわたしが、むっつのときに亡くなってしまいましたが……。

アン　五十九歳のときのお子さんですから……。

宮原　……六十六歳で死んだ。小学校一年のとき。そしてそのあとは叔父がわが家の漁業の切り盛りをしていた。うちには当時、水夫が四十何人いたそうです。

アン　四十人以上も！　ようするに地元では名門の網元さんだったってことですね。

宮原　「大仲（おおなか）勘定」というのがあるのですが、毎日漁業組合から勘定をもらって、それをみんなで分けておったんです。

アン　宮原さんの少年時代、網元のおうちとかで働いているまわりの人びとの様子なんか、どういうふうだかちょっと聞いてみたいですねえ……「大仲勘定」ってわたしは人の名前かと思いました。そうじゃなくて、制度のことですね。失礼しました（笑い）。

宮原　一円五十銭とか三円五十三銭とか勘定をもらってくると、その中から、まず石油代がいくら、食事代がいくらって必要経費を引くわけね。これがいわゆる

MIYAHARA'S KEY WORD 6

むっつのとき、親父が死んで、本家が分家に乗っとられた。

■「大仲勘定」——前日の水揚げ高を翌日、漁業組合から受け取ると、親方の家で車座になって、分配（勘定）する。そのときに、共通経費を先取りするが、これを〝大仲〟という。大仲の残りが各自の働きに応じて分配される。■

親父はむっつのときに亡くなって……おふくろの思い出。

共通経費で、「大仲」というわけです。その残りは「小仲」といって、水夫同士の共通経費を差し引いたあとで、各人に配分するわけです。まあ、休む人と漁に出る人とが、常時五、六人交代ですから、その人たちへ分けたお金が余ると、みんなわたしのところへね（笑い）。

アン　じゃあお金持ちだったんですね（笑い）。

宮原　「大仲勘定」で余った一銭、二銭という小さいお金を、母親が畳の裏に隠しておく。夏と冬の大掃除のときに畳をはがす。そうすると五銭とか一銭とかが、あちこちから出てくるでしょ。子どもらを大掃除で一所懸命手伝わすための母親の仕組み（笑い）。

アン　お母さんも頭がいい（笑い）。

宮原　そんな少年時代の思い出――小学校の小さいときですけど懐かしい。

アン　お父さんが若いころに亡くなって、お母さんとはよく話されましたか？

宮原　うん。

アン　「こういう男になってくれ」とか、「なって欲しい」とか、お母さん、おっしゃいませんでした？

宮原　ううん。そういうことは、一切なかった。少年時代におふくろの思い出で心に残っているのは……小学校一年のときは、勉強が一番できたの。二年生はまったくダメだったの。学校では、一学年が終わって成績優等だと本を全部タダでくれた。二年生から三年になるときはペケで、全部本を買わされた。おふくろが本をパンと全部、わたしの目の前に置いて、「しっかりしなさい！」と怒られた（笑い）。それがこたえたねえ。なぜ成績が落ちたかというと、教室で色紙をみんなが保管している場所から盗んだやつを見たの。その色紙で紙飛行機を折って、飛ばす競争をしてたんです。それで、「お

対談スタート！　まず乾杯

い、おまえ、なにやってんのや。そんなもんようけ持ってるもん。あっちにもこっちにもあるぞ」と言ってやったの。そして、そいつが色紙泥棒で捕まったときに、「置いてある場所を九一に教えてもらった」と先生に言いつけた（笑い）。そのせいで、「修身、甲。素行、乙」の成績がついてしまった。泥棒の幇助をしたっていうのでね。そんなわけで、成績が落ちた。そのときだけはこたえたねえ。おふくろがわしに怒ったのは、そのときだけ。

アン　たった一回だけ！……わたしなんか、高校を卒業するまで、しょっちゅう母に叱られっぱなしでした。

宮原　恥ずかしかったねえ。わたしたちの時代は、学力優等、品行方正、精励皆勤のみっつがそろって一等賞。どれかひとつ欠けると二等。ひとつは三等。わたしは三等ばっかり。学力は優等だったけど、品行方正、皆勤はなし。だけど五年生くらいになったころから、ちょっと賢くなった。校長が家に来て挨拶してくれるくらい注目されるようになった。

アン　じゃあ、五年生くらいからずいぶんと人生がかわってきたわけですね……ところで、小さいころ漁についていったりしなかったんですか？

宮原　そういうことはしませんでしたね。小さいですからね。さっきも話したように、親父が死んでからすぐに叔父さんが家に入ってきました。養子に行った兄貴も来て。われわれ――お袋とわたしは、母屋から離れて奥のほうの部屋に小さくなって住んでましたねえ。

アン　本家が分家に、乗っとられた（笑い）。

宮原　そう、とられてしまった（笑い）。

アン　そういうのは西洋にはないドラマですねえ。

辺すうの地長島町から県立志摩水産学校へ。

アン　本籍は三重県北牟婁郡長島町でよろしいんですか？

宮原　三重県には長島町ってふたつあるんですよ。桑名の長島と北牟婁の長島。戦後、わたしのところは、紀伊長島って名前にかえた。わたしは十三のときに、田舎を出ましたけど、汽車なんてなんにもないときで、隣村までわらじがけで出かけた。わたしどもの町は平地で海岸。で、隣は伊勢の国で山があった。のちにSL――汽車が走るようになりましたけどね。ぐるっと山をひとまわりしておりてくるっていうことになって……一駅のあいだにトンネルが十三あるんです。

アン　一駅のあいだにトンネルが十三！

宮原　「大内山」という駅と「紀伊長島」という駅で一駅ですからね。砂を線路に撒きながら、おりてくるのね、機関車が滑らないようにね。

アン　砂を撒きながら機関車の前を人が歩くんですか？

宮原　いえいえ、機関車の前のほうにデボチンがついていて、そこに砂が入っているの。その砂を少しずつこぼす、それが滑り止めになる。

アン　なるほど……カナダの大平原育ち

のわたしには、想像もつかない光景。

宮原　下りは十六分で着いちゃうんだけど、上りは二十六分かかる。前と後ろに機関車つけて押しあげるの。だから線路はできたものの、何年も開通しなかったんですよね。六、七年かかったと思う。わたしは、そういう所から外に出てきたわけです。

アン　トンネルをくぐって。で、家を出て函館の学校へ行かれたんですか？

宮原　いいえ、それはもっとあとの話。親父が漁師ですから、どうせ大きくなったらわたしも漁師にならなきゃならんからと思って、県立の志摩水産学校へ、まず行った。

アン　そこへ毎日通ったんですか？

宮原　いいえ。寄宿舎。水産の勉強以外にも、もっと違うこともしたいなと思っていた。昔、小学校は尋常小学校と言っていましたが、わたしはみんなとちがって、小学校六年生を終えると旧制中学校へ行きました。わたしらのときは一学年百五十人いましたが、中学へ進学するのはそのうちの五、六人で、半分ぐらいは近くの尾鷲の中学校へ行きました。今なら車で三十分ですが、その時分は一日がかりで、みんな寄宿舎へ入るわけ。高等科に入り——高等科は二年までありましたけども——高等科一年のときに志摩の学校へ行きました。生徒募集に学校から先生がやって来るんです。沿岸の漁師の家にちょっとましな子どもがおればって探しにきた。その話に乗った。山こえて行かないかんところでしたが、子ども心に、「試験を受ければ、かならず入る」と確信した。学校から勧誘がきたんだから心配ない、と。お袋と相談して、試験を受けるときに荷物を全部持ってでかけた。試験を受けてから入学までは二、三十日あるけど、さっそく寮に入れ

辺すうの地長島町から県立志摩水産学校へ。

MIYAHARA'S KEY WORD 7

十三歳で故郷を離れ、志摩水産高校へ。でも、進路を間違えたかと思ったこともあったが、ちゃんとした学問せにゃあかんという気持ちがいつもあった。

てもろうてね。

アン　十三歳の子が、荷物を持って、山をこえて……。

宮原　いや、当時は船で五、六時間かけて行ったんです。いつも船便があるわけやないから。行ったり来たりできんかったからねえ。

アン　それにしても、お母さんもえらかったですねえ。

宮原　こうやって水産の勉強を始めたわけです。わたしは、だから根っからの漁師。

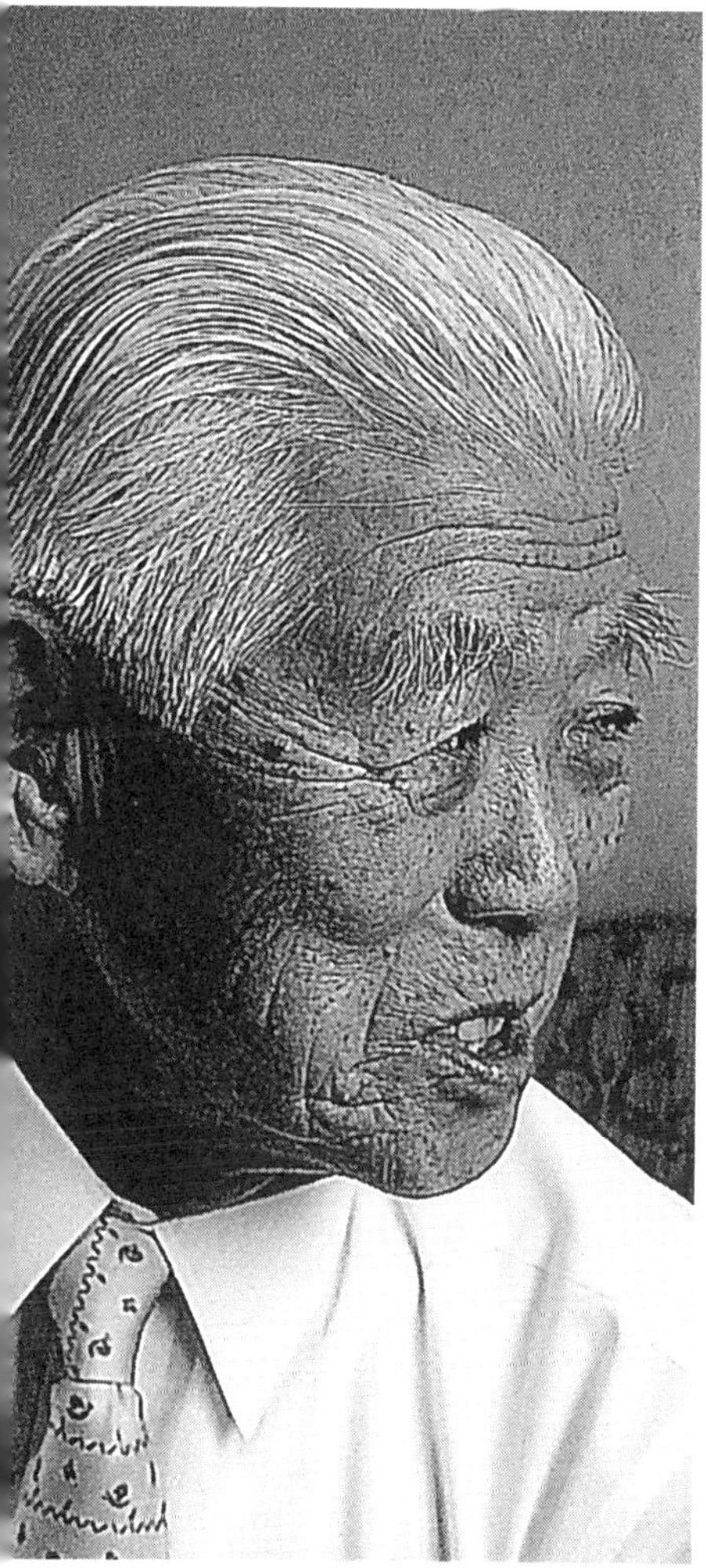

アン　お父様が六十六歳で亡くなられてから、いろいろと少年時代には気持ちのうえではつらい経験もされたんですね。人には言えないことも、たくさんあるんでしょうねえ。

宮原　それは、まあ……でもねえ、進路を間違えたかなあと思ったこともあったが、ちゃんとした学問せにゃあかんという気持ちがいつもあった。たしかに、悩んだこともあったけど……五年間、志摩水産学校で勉強したあと函館へ行ったわけです。

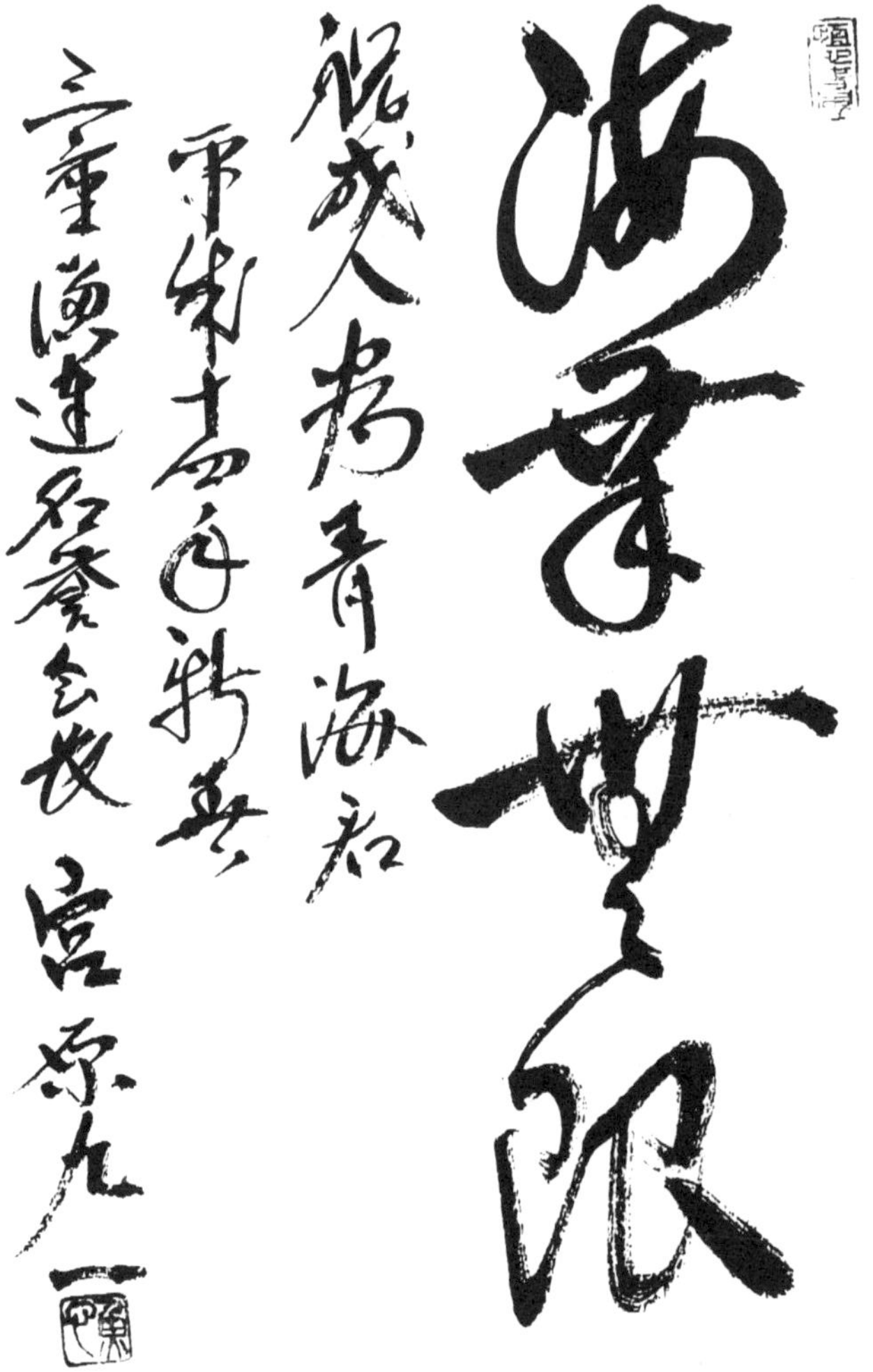

成人になった漁業関係の若者に贈った書（右）と　それに添えた手紙（下）

海幸無限《カイコウムゲン》

海の幸は無限である。そのためには若い諸君が先頭に立って海の環境を守ってゆくという前提がある。

稚魚が生まれ、大きく育って子孫を残す。そして安心して人々の食膳にのぼる。

母なる海を守る努力の中で胸を張って海幸無限といえる。

成人おめでとう。

広い水産の世界への船出——実習船「おしょろ丸」で太平洋一周。

MIYAHARA'S KEY WORD 8
文部省が設立した「函館高等水産学校」へ。

アン　函館は「函館高等水産学校漁撈学科」ですね……「ぎょろう」って字を電子辞書で調べてみたんですが、旧字でわたしの辞書では出てこないんです。

宮原　「ぎょろう」っていうのはね、「手へん」に「勞」と書くんです。

アン　なぜその学科に入ったんですか?

宮原　函館高等水産学校には、漁撈、製造、それから養殖と、みっつの学科があったんです。

アン　もう、そのころ、すでに「養殖」というのがあったんですか……知りませんでした。

宮原　はい。三重県あたりでは真珠の養殖とかいろいろありました。

アン　なるほど。そういえば、そうですね。

宮原　魚の養殖っていうのは、当時、まだそんなになかったけれども、海苔の養殖とか牡蠣なんかの養殖もありましたからね。これは「発生学」として勉強するんです。

アン　どうして宮原さんは漁撈科を選んだんですか?

宮原　わたしは魚をとるほうだし、船に乗って遠くへ行くこともできるじゃない

MIYAHARA'S KEY WORD 9

「おしょろ丸」で太平洋一周。漁業実習をやるかたわら、外国の見聞を広めた。

ですか。要するにビー・アンビシャス。

アン 野心を持って自然体でその学科に入ったってことですね。具体的にはどういう魚をとりに行ったり勉強したりしたんですか？

宮原 それはいろいろと専門の学科がありましたよ。まず実習は三本マストの「おしょろ丸」っていう帆船でね、外国へ実習に行くわけです。商船大学の船は四本マスト——「日本丸」とか「海鷹丸」とかね。われわれの船は三本やね。北大のクラーク博士が「ボーイズ・ビー・アンビシャス」をキャッチ・フレーズにつくった農学校がこの学校の前身で、わたしが入る前に高等水産学校に分かれていた。その前は北大の水産専門部といいました。

アン 函館高等水産学校っていうのは、そういう歴史があるんですか。知りませんでした。

宮原 函館は遠洋漁業の中心地で北の漁業の総まとめをやっていたところ。その函館へ移って高等水産という名前で、新しくスタートした。だから文部省が設立した水産教育の学校としては、たったひとつしかなかったんです。

アン 日本で唯一だったんですか。

宮原 そうです。だから、漁師をやりたかったら、ここか、農林省の水産講習所に入った。

アン そのふたつしかなかったんですね。

宮原 鈴木善幸先生が行っていたのが水産講習所。

アン 当時のエリート校ですね。

宮原 ふたつしかなかったから対抗しておったわけ。ことごとに対抗してたんです。

アン なるほど……ところで、「おしょろ丸」の実習は？

←「おしょろ丸」が函館の港を出て行く風景

OSHORO

MIYAHARA'S KEY WORD 10

「ボーイズ・ビー・アンビシャス」に騙《だま》されたから学生時代に「おしょろ丸」で太平洋一周ができた。

宮原　三年目の航海のときはねえ、台湾から南方をまわってシアトルをまわって……太平洋一周。

アン　えっ!?　太平洋一周!　すごい。

宮原　そう半年間かけて太平洋をぐるっと一周。それでそういう船を操る勉強とか、トロールの引き方とか、まぐろの延縄とか、外国での見聞を広めるとか、いろいろとそこで勉強したね。それから船の中に缶詰工場もあって……。

アン　へえ、船の中に。船の大きさは?

宮原　今の大学の実習船は二千トンですけど、その当時は七百五十トン。で、その船の中で船長が教授で勉強を教えた。

アン　話はちょっと横にそれますが、平成十三（二〇〇一）年二月十日にハワイ沖で潜水艦と衝突して沈められた「愛媛丸」は何トンでしたっけ?

宮原　あれは宇和島水産高校の実習船で、約五百トン。帆船ではないが。

アン　じゃあ、「おしょろ丸」は、あれと同じくらいの大きさだと思えばいいんですね。

宮原　そうですね、あれよりひとまわり大きいはずです。

アン　「船でぐるっと太平洋一周した」と、さらっとおっしゃるけど、普通の人には言いたくても言えない言葉ですよねえ（笑い）。

宮原　「ボーイズ・ビー・アンビシャス」に騙《だま》されたから、学生時代に太平洋一周ができた。

アン　（笑いながら）悪いクラーク!……何年のことでしたっけ?

宮原　昭和十三（一九三八）年。

アン　まだ開戦前ですね。

宮原　もちろん、ああ、いい時代だった!（笑い）。

アン　当時の敵性国アメリカのシアトルとかに立ち寄ったら、港にも入るわけで

実習船「おしょろ丸」で太平洋一周。

しょ。どうでした？

宮原　ああもう、それは平気ですよ。で、とにもかくにも、昭和十四（一九三九）年に卒業したわけです。

アン　まるまる三年間を海の上で過ごされて……。

宮原　いいや、海の上で三年間じゃないよ。実習のときだけ（笑い）。

アン　ああ、そうですか。誤解してました。三年間も海の上で学生生活を過ごされたなんて、すごいなと思ってしまったけど。すごい冒険家だなあ、「ボーイズ・ビー・アンビシャス」だなあと（笑い）。

宮原　いやあ、わたしは船酔いにやられるタイプでねえ、船に弱いの。

アン　ちゃんと教室で授業もあったんですか？

宮原　もちろん、もちろん。

アン　話は前後しますが、一年生、二年生のときも実習はあったんですか？

MIYAHARA'S KEY WORD 11

友情で仕入れた八丁味噌で半年苦労。誰も食べないの。

宮原 ええ、毎年。たとえば、一年の秋・春には、北海道の忍路のニシン漁場とか、二年には北千島のシムシュ島っていうカムチャッカの半島が見えるところで、サケの流し網の実習を、大洋漁業の船に乗って、一か月勉強するとかね。いろいろな実習がありました。

アン 一緒にやっていた学生は何人くらいいましたか？

宮原 四十五人くらい。でも三分の二くらいは死んじゃってね……現在はね。

アン メインの実習である三年生のときの太平洋一周航海の六か月でなにが一番思い出深いですか？

宮原 ううん……そりゃ、いろいろとあるけどね。学生時代の思い出ですから、ひとつひとつが楽しい思い出ですが……わたしは給与担当を命ぜられた。物資調達係を兼ねてね。で、一番はじめに伊勢神宮を参拝して。鳥羽へ入ってそれから名古屋によって、そこから一路南方のパラオへ。名古屋の八丁味噌の製造元の息子が同級生の中にいた。もちろん、その友人も航海に同行している。「おまえのところの味噌を仕入れてやる」と言って八丁味噌を名古屋に仕入れに行ったの。ところが航海中誰も食べないの。名古屋味噌っていうのは、癖があって口にあわないんだね。もっとも調理の仕方を知らなかったの。味噌屋の息子も乗ってるのにね。

アン 普段食べている味噌と味があまりに違うから？（笑い）。

宮原 そう。半年苦労したんだ、あの味噌のおかげで。わたしは今でも仙台味噌ばっかりとり寄せてますけどねえ。名古屋の八丁味噌は、わたしの鬼門。

アン （笑いながら）味噌は日本人の食事のベースですから、事態は深刻。

宮原 あのときはとにかく困った。

ソ連の監視船の臨検
——三年目の夏の北洋航海実習。

MIYAHARA'S KEY WORD 12
三年目の夏の北洋航海実習のとき、「おしょろ丸」でカムチャツカ半島の西海岸から北千島付近でタラバガニ漁業の実習をしました。

宮原 わたしは水産の勉強ばかりすでに五年間やってきてるから船の中では、たとえばセキスタント——六分儀っての で測って船の位置を計算する、そんな作業は、パッパッパッとできるわけ。そういう点では、船長の手助けをしていました……実習の思い出といえば……そう、そう、三年目の夏の北洋航海実習のとき、「おしょろ丸」でカムチャッカ半島の西海岸から北千島付近でタラバガニ漁業の実習をしました。たしか、六月か八月ごろだった。周辺には日本の漁船もたくさん操業していた。当時、旧ソ連は領海十二海里を主張、日本は世界の定説に従い三海里だった。

アン 領海十二海里説と三海里説——あのころから、日本と旧ソ連は、意見が違っていたのですね。釧路や根室などの北海道の大きな漁港に何度か足を運んだことがありますが、今でもなんとなく緊張感がただよっていますね、北の海には。

宮原 カニは海岸に近いほどたくさんとれるので、日本の漁船は危険をおかして陸地に近づく。すると、ソ連の監視船が陸上の見張所と連絡をとって、十二海里内で日本漁船が操業を始めると、高速艇

「おしょろ丸」が北洋を行く

をとばしてきて捕らえようとする。「おしょろ丸」は、監視船の注意をそらして、漁船が逃げるのを助けるというようなことが、しばしばありました。

アン　なるほど。逃亡援助（笑い）。

宮原　あるとき、監視船が「おしょろ丸」に接舷して、臨検に近いことをやろうとした。そうこうするうちに、船長がわたしを呼びにきたの。そしてへたなロシア語で、「われわれ日本側の解釈では、まだ五海里の余裕がある。ここは海岸から八海里のところだ」と。

アン　えっ、宮原さんがロシア語でおっしゃったんですか。ロシア語、やってらっしゃった？

宮原　わたしの第二外国語はロシア語よ。

アン　船長はロシア語ができなかったから、宮原さんが呼ばれたってことですね。

宮原　ロシア語ができるできないはとにかく、そのときの船長の対応の見事さを忘れられません。船長の意を相手に伝えるために、わたしがしゃべったのは、「とにかくこの船は日本の官庁の船で、毎日、船の位置をきちんと政府に報告しておる。われわれはきちんと測って正確な位置を割り出しておるから、なんならここで測ってみせようか。ここでこの船をおさえたら、かならず日本で大変なことになる。練習船がいなくなったということになれば、国際問題になる、大変だよ」とね。もっとも、相手に正確に伝わったかどうかは、わかりませんけど。

アン　おどしあげたわけですね（笑い）。でも、向こうはある意味で、「こりゃ、まいったな」と思ったんでは？　だって二十歳の男の子に、ばあっといろいろ言われるなんて。きっと、迫力があったでしょうね。

宮原　でもわたしのロシア語は、片言だ

ソ連の監視船の臨検——三年目の夏の北洋航海実習。

■「権益漁業」——『日本人が露領で漁業を営むことの出来る権利は、日露戦勝（一九〇五）の結果獲得した無形の権益である。』（大日本水産会百年史）■

からさ（笑い）。

アン　それにしても、カッコいい。映画みたいな話ですごい。

宮原　当時の北洋漁業は日露戦争の講和条約によって北洋での操業を勝ちとった経緯から、業界では北洋の「権益漁業」と名づけて大きな収益をあげており、この操業の安全を確保するために、駆逐艦四隻の艦隊を編成して広い海域の警備にあたらせていました。

アン　なるほど「北洋漁業に歴史あり」ということですね。

宮原　このあと、緊迫した状況を打電したら、翌日の早朝、日本の軍艦が練習船「おしょろ丸」の近くに、まさにコツゼンと現れ、手旗信号で「ワレハカミカゼナリ」と艦名を教えてくれたときは、地獄に仏とはこのことだなと思いました。

アン　ますます映画の感涙の場面ですね。

大きなタラバガニが……

MIYAHARA'S KEY WORD 13
日本とロシアの漁業権の諸問題は、昭和のはじめから発生していて、今に始まったことではない。

MIYAHARA'S KEY WORD 14
危険なカケは、なかなかやめられない。

宮原　で、十二海里から三海里までのあいだでカニの網を張りますと、一反——だいたい六〇メートルくらいになる。いわゆる底刺網ね。それで、大きなタラバガニが六十くらいとれたの。ところが、十二海里から沖でとると五、六匹しかとれない。

アン　たったの五、六匹!?（笑い）。

宮原　だから、こんな危険があっても日本の船はなるべく陸地の近くまで行ってとってたわけさ。学校の練習船といえども実習とともに一般漁船の世話もさせられたということ……危険なカケは、なかなかやめられない。

アン　じゃあ、今とあんまりかわらないんですね（笑い）。同じことをやっている。

宮原　同じことを繰り返しているよね。で、それから、日本も十二海里にしたからね。領海三海里には絶対入れませんけどね。だから、漁業専管水域というのができて、ロシアとは行き来をしてるけども、このあいだは、この海域で韓国のサンマ船にロシアが許可を与えるようなことがあったけども、こうした漁業権の諸問題は、この時代から発生していた。

アン　昭和十年代のころからの因縁があるんですか……長いんですね。

宮原　それから盧溝橋の事件が起きた。

アン　盧溝橋？

宮原　満州の事件の発端になった……。

アン　……ああ、あの有名な。英語ではマルコポーロ橋。宮原さんが海の上でロシア人とやりとりしていたころは、そういう時代だったんですね。国際的な緊張関係にあった時代。

宮原　そういう時代の学生としては、わたしは異色だったと思う。いろんな体験をした……かわってたよね、わたしは。

アン　実際そのあと戦争に行かれるんですけども、あの当時、若者で海外にでか

ソ連の監視船の臨検——三年目の夏の北洋航海実習。

けて国際舞台を見られたのは、ほとんど水産関係者だけですよね……外交官とかエリートの留学生などは別として。

宮原　そう、そりゃそうですよ。南方委任統治領——パラオとかマーシャル群島とかってのは、当時はみんな日本の管轄下やね。そういうところもずっとまわったなあ。

アン　名古屋の〝おいしいおいしいお味噌連れ〟で、パラオやマーシャル群島をまわって……（笑い）。

宮原　南方を一か月半くらいまわって、それからすぐ同じ年に北洋に行ったわけやね。

アン　一回、日本に帰られたわけですか？　いっぺんにまわられたんじゃなしに？

宮原　函館から新たに出ていった。

アン　船長に引率されて漁撈科の四十五人がひとつの船に乗られて？

宮原　先生も主任教授もみんな乗ってね。

アン　全部で何人、出かけたんですか？

宮原　七百五十トンの船では、学生を全員収容できなかった。四十何人が限界。六人くらいは民間の船で実習した。

アン　うしろからくっついてくるわけですか？

宮原　いや、別行動で南の漁場へ行った。

アン　そちらへの参加者をどうやって決めたんですか？　成績とかじゃんけんで？　成績の悪い人が、漁船で実習したとか……。

宮原　そりゃあ、民間の船で実習するのは、かわいそうですわね、学校の犠牲になったんですよ……それはとにかく、船員も含めて、実習に参加する人数は、すべてあわせて六十人くらいだった……最初は大きな三本マストに帆を広げて出港したもんです。あとはエンジンで走ってましたけどね（笑い）。

函館高等水産学校生活を楽しむ。

宮原　言い難いことですが、三重県には伊勢神宮があるために、わたしは恩賜の奨学金をもらってたんです。函館に行って、一か月たたないうちに「奨学金の試験があるから、いっぺん国に帰って受けてみよ」って言われてね。それで帰郷してその試験を受けなきゃいけんようになってね。恩賜の奨学金っていうのは月二十円。しかも、返さなくていいんよ。

アン　当時の二十円というのは、サラリーマンの月給に当てはめれば……。

宮原　……中学校を出た人の初任給が、月三十円……農林省へ入ったあと、中学校出の職員に、「おまえさん、給料はいくらだい？」って聞いたら、三十円と言ってたから。

アン　その奨学金は、一年間もらえた？

宮原　いいや、三年間。

アン　函館の高等水産へ行っているあいだ、ずっと毎月二十円も？

宮原　二十円もらったうえに、わたしの出身地である北牟婁郡ってところは恩賜奨学金受領者には、さらにプラス・アルファーで十円つけてくれたの。

アン　合計、三十円！　サラリーマン並みの生活じゃないですか！（笑い）。それは、とっても、おいしい（笑い）。

宮原　おかげさまで最高の贅沢したよね、学生時代は（笑い）。

アン　ほんとに優雅ですねえ（笑い）……。

MIYAHARA'S KEY WORD 15

月二十円の恩賜の奨学金、北牟婁郡からプラス十円、家から二十円。学生時代は最高の贅沢をした。

宮原　それに家からは二十円の仕送りがあったし……。

アン　合計で五十円!……なにも言うことなしって感じ（笑い）。

宮原　もっとも、これは最初のころで、奨学金をもらっているのがわかって、仕送りは打ち切り。臨時入用のときしか送金してもらえなくなりました。

アン　わたしも、学生時代にスタンフォード大学をはじめ、いろいろな〝返さなくていい奨学金〟をいただきましたが、宮原さんほど優雅ではなかった。と言うより、かなりシビアな学生時代でした。家からの仕送りもなかったし。

宮原　支出のほうは、最初は寮費が、十一円五十銭か十二円。食事つきで。

アン　残りは三十八円五十銭ですね。

宮原　授業料が一年間八十円――官立の高専、大学はみな八十円。でも勉強ようできたということで特待生。わたしは授業料免除だった。

アン　それはまたすごい!……（あきれたという感じで笑いながら）「すごい」としか言いようがない。

宮原　だけど、このことは人にはあんまり言われへんけどね。

アン　それにしても、親孝行じゃないですか、家にあまり負担をかけないで……それだけのお金が毎月使えれば、お小遣いとしては十分だったでしょう?

宮原　だから、旅行したり酒飲んだり。酒は強くなりました。わたしの家系には酒飲みはいないけど、わたしは突然変異。

アン　友達におごったりしましたか?

宮原　ああ、みんなにおごってやったね。

アン　ほかの学生は、どれくらいでやりくりを?

宮原　みんなだいたい二十五円から三十円。平均二十円というところかなあ。苦労してやってましたからねえ、みんな。

函館の街は　戦前からオシャレな町

アン　じゃあ、みなさんの倍くらいのお金で生活していたんですね。

宮原　『津軽海峡冬景色』っていう唄知ってるかね？

アン　津軽……？　知りません。

宮原　「上野発の夜行列車おりたときから、青森駅は雪の中」ってやつ……その時分にやっと汽車が通じて紀伊長島から東京行きの夜行が出てたわけね。その夜行列車には、寝台車がついている。三等寝台は上中下、三段になっていて一番上は東京まで八十銭。学生のくせに寝台の上段で、ぜいたくなお国入り（笑い）。

アン　結構ダンディな学生生活を送られましたねえ……わたしも随分長いあいだ、そう八年あまりカナダや日本の大学や研究所に通っていましたが、最後のころ、信州の黒姫という山村で富夢想野《とむそうや》塾という農村塾に入って農村のフィールド・ワークをやっていたころには、東京と信州の往復の切符代にもことかく始末……鈍行に乗って往復していたのに比べると宮原さんの学生生活は、雲泥の差ですね。うらやましいかぎりです……ところで、なにかスポーツは？

宮原　スポーツもいろいろやりましたが、みな中途半端。寮では総務部長ということで寮の規律係であり、みんなの教養を高めるために、なにかをする——たとえば、新譜を聴いて毎月レコード店から二、三枚ライブラリーへ入れるという役割だった。元来が音痴ですが、わかったような顔……いや耳かな……をして、総務部長をやってた。でもクラッシックは皆目ダメなんで、いきおい、購入するレコードは軽音楽が多かったなあ。寮生から浪曲の注文があると、即、買ったりして。とにかく、みんなの意見を聞いて、とりまとめる役をやってました。

アン　戦前に軽音楽なんてオシャレ。

函館高等水産学校生活を楽しむ。

MIYAHARA'S KEY WORD 16
映画とくに洋画に関しては〝クレージー・クレージー〟の部類でした。

MIYAHARA'S KEY WORD 17
飯前の一杯とスタンドバーで洋酒を。

MIYAHARA'S KEY WORD 18
わが恋の終わらざる如く、この曲も終わることなしなんて『未完成交響曲』、良かったですね。

宮原　「人は見かけによらぬ」と言いますが、映画、とくに洋画に対しては〝クレージー・クレージー〟の部類でした。時代は確実に軍靴の響きが高くなりつつありましたが、それでも平和な良き時代で、まだアメリカやフランスの映画が入ってきてた。今でも目をつぶると、数かずの名場面がスーッと瞼に浮かびます。フランス映画では、ディビュービェの作品が好きでした。ジャン・ギャバンといった有名俳優以外に、間違えているかも知れませんが、ルイ・ジューベ、フランソワ・リュールとか、ピエール・グランシャーベなどの俳優、『商航テナーシテー』『舞踏会の手帳』『地の果てを行く』など忘れません。米画では西部劇が中心でしたが、パスツールなど科学者の伝記もの、『嵐が丘』や『駅馬車』、わが恋の終わらざる如く、この曲も終わることなしなんて『未完成交響曲』、良かったですね。とにかく毎週のように映画館に出かけた。

アン　函館の街は、戦前からオシャレな町だったんですね。もしかしたら今より賑わっていたのでは？

宮原　戦前の北洋漁業の最盛期のころだったから、夜の函館には港町特有の賑わいがありました。映画が終わると、三十銭のスープつきシューマイ・ライスを食べ、往復七銭の市電で寮に帰ったものです……なんていうふうに語ると優等生みたいですが、飯前の一杯と、スタンド・バーの〝宿り木〟で洋酒を覚えた。赤ジョス（スコッチ赤ラベル）が十銭、黒ジョスが三十銭。**ギザ（「五十銭玉」のニックネーム）**一枚あれば、「銚子三本お通しつき」が飲めた。あのころの函館は、学生天国でした――とても品行方正の学生とは言えませんでした。

アン　映画を見てお酒を飲んで、青春を謳歌（笑い）。

MIYAHARA'S KEYWORD 19

英語も日本語もできないシャムからの留学生と同室で、寝起きをともにして、学校で教えられたことを、復習させて教えた。

宮原 『パリの屋根の下』とか、『会議は踊る』などの音楽が好きだった。その時分、まさか、そんな文化を生み出している国との戦争が始まるなんて夢にも考えられなかった……こうやって思い出してみると、本当に恵まれた学生時代だったなあ……そのうち、寮生活がおもしろくないからってことで、下宿を探して、そちらに移って、さらに羽を伸ばそうと行動を起こした。ところが、学生課長に呼び出しされて、「きみは特別な学生やから学校のために協力せなあかん」と言われてね。シャム――今のタイやね、「そこから学生が来てるけど講義するのに英語も日本語もなにもできないから、寮に帰って、毎日、教えろ」って命令されて（笑い）……また寮に呼び返されて、同じ部屋で寝起きをともにして、学校で教えられたことを復習させて教えた。

アン 学生時代に、そういったふうな国際交流もできたわけですね。

宮原 そう、国際交流。そうした留学生の中で一番えらくなったのが、水産局長。

アン タイに帰ってからですね？

宮原 もちろん。

アン 日本人に会うと、その人の外国人に対する〝慣れ具合〟〝国際感覚の度合い〟がすぐにわかるんです……いい意味も含めて〝島国的ローカルな日本人〟が多い中で、宮原さんには、そういう雰囲気がまったくない。うまく説明できないけど、〝空気〟があるんです。どこででも通用する〝国際的な空気〟。生意気なようですが、それがあるかないかで、ほんと、人間の存在感が違ってくるんです。大多数の日本人には、その〝空気〟がないんです。宮原さんにそれがあるのは、若いころにロシア人と〝民間外交〟やったり、タイ人と交流したりしていたからなんですね。それでわかりました。

「承」の章

MIYAHARA'S KEY WORD 20

北にだいぶなじんでいたし、第二外国語もロシア語にしていたし、日魯漁業に入ろうと思って約束した。

日魯漁業に就職が内定。でも農林省に勤めるはめに……。

アン 普通の人が、一生かかっても体験できないような経験をいろいろ味わわれた実習を終え、恵まれた条件の中で学生生活もエンジョイされ、いよいよ名門函館高等水産学校をご卒業になって……。

宮原 ……わたしは、はじめから自分で海の男になるつもりでいた。あのころは北洋漁業が華やかしきころでね。日魯漁業、大洋漁業——今のマルハとかが、どっちでも入ってくれっていうことでね。

アン 向こうからのオファー——青田刈り。売り手市場だったわけですね。就職は選りどり見どり。

宮原 そう。北にだいぶなじんでいたし、第二外国語もロシア語にしていたし、日魯漁業へ入ろうと思って約束していたの。そんな秋のある日、学生課長に、「宮原、ちょっとこい」って呼び出された。「農林省の試験を受けよ」って彼が言うわけ。

アン 「受けてみれば?」でなくて、「受けよ」なんですか。

宮原 「イヤです」……なんて答えたりしてね(笑い)。いや、「農林省を受けよ」と急に言われても、わたしは船に乗りたいし、向こうの会社とも約束したから申

日魯漁業に就職が内定。でも農林省に勤めるはめに……。

し訳ない」と言ったら、「それは、きみ、考え違いだ」って言われてね。その教授――わたしが卒業したらすぐに鹿児島に高等水産学校ができて、そこに校長として栄転した人ですけどね――そういう人から、「北海道大学の卒業生は田舎者だと思われている。農林省には、水産講習所出の人が主流をなし、バンとしてる。そういう連中がたくさんいる。当然、学閥とかもある。そういう状態の農林省に行って、卒業生のこれからの仕事をリードして応援をする役をきみが引き受けよ」と言われてね。それにしても、「人の犠牲になるなんて」と思ったけど……結局、言うことを聞いたの。どうせ試験に落ちるやろうと思っておったし。なるべく学校の名誉を傷つけんようにしながら試験を受けて、不採用にしてもらおうと。そういう決心をして行ったの。当時の寺田さんという局長が、口頭試問をした。筆記試験はなし。もう話が裏でできてたのやね。

アン　もう決まってたんですね（笑い）。

宮原　こっちはまじめくさって受験にのぞんだわけ。そしたら「きみはロシア語ができるんだね、優じゃないか」とか言われて……もう仕方がないわね。インチキしてさ、カンニングしてとった「優」だけどね（笑い）。そしたらロシア語の資料をペラっと出して「おい、きみ、これ読みたまえ」ときた。

アン　あら、大変！

宮原　いやあ、そのときほど困ったことはなかったね。「わかりません」とは言えないしね。じっくりと問題を見たり読んだりしてから、「かなり知らない単語がありますので、辞書を貸してください」って言った。ロシア語の辞書なんて、めったにないだろうと。でもあったら困るなあとか思ったりしながらね。「明日まで

MIYAHARA'S KEY WORD 21
農林省の口頭試問でロシア語の資料を読めと言われて「かなり知らない単語がありますので、辞書を貸してください。明日までにはちゃんと読んできます」

MIYAHARA'S KEY WORD 22
会社とも約束ができているのに、学校から農林省を受けよと言われた。言うことを聞いた。学校の名誉に傷つけない程度にして、不採用にしてもらおうと。

には、ちゃんと読んできますので、辞書を貸してください」って。そしたら「もうええわ」でおしまい（笑い）。これで学校の名誉は傷つけなかったけど、「あいつはダメや」と、不採用が決まったやろうと思ったわけ。で、安心して帰ってきたら、「おめでとう」って。とうとう受かってしまってさ。

農林省に入ったころ

農林省勤め十か月で召集を受ける。

宮原　それで、とにかく、卒業して働き始めたところが今の経団連があるところにあったバラック建ての水産局。隣には、山林局があった。

アン　いつの話ですか？

宮原　昭和十四（一九三九）年。鎌倉橋の停留所から近い、今の経団連のあたりに職場があった。わたしは、当時池袋七丁目に下宿していたので板橋まで十分くらい歩いて、板橋始発の市電に乗って通った。白山町、春日町、鎌倉橋を通って終点が洲崎。始発だから座って三十分、本が読めたんだよね。

アン　当時の年齢は？

宮原　二十二歳かな。漁師の勉強をしてきたのに、保険課勤務なんてとんでもない話。水産局は、その当時、漁政課、海洋課、監督課、それから昭和十三（一九三八）年の九月に漁船保険課っていうのができた。このよっつの部門しかなかった。だからね、今でも漁船保険課長は技術屋の出世コースなんですよ。わたしの後進で次長になった男もいる。農林省の漁船保険課は、できたばっかりで、国が再保険を全部引き受けていた。今は漁船保険中央会が再保険の元請けになっとりますが。県の保険組合からあがってくる保険の書類を審査し直して保険料を決定するような仕事でね。わたしの下に女子職員が八人、わたしたちのようなのが三

MIYAHARA'S KEY WORD　23

農林省へ入省。漁師の勉強してきたのに保険課勤務など、とんでもない話。

人――〃新品〃で入ったのがね。

アン　女性もいたんですか？

宮原　ええ、タイガー計算機で保険料を計算していました。ガチャガチャやかましかったですね。漁業種類ごとの料率を確認するとき、女の人にはわからんでしょ。「計算違いがあるっ！」て地方から文句を言ってきたりしたけど、まあ、当時日本人で漁業の種類を知ってる人がそうたくさんいるわけないよね（笑い）。

アン　ところで約束していた会社には、どんなふうに断ったんですか？　日本では就職の内定の約束を破るって、大変なことでしょ。

宮原　（笑いながら）それは、大変だった。鉄道大臣に内田さんってのがいて、その人が日魯漁業と関係があって、その人の口利きもあって、三拝九拝されて入ったのに断ったからね。でも、「これはわたしのせいじゃない。ことのいきさつ上、学校からあやまりに行ってくれ。のちのち学生の就職に影響しますよ」ってわたしは言った。だって、日魯漁業っていうのは、最大の就職先供給源の会社やものねえ。それに、函館市ってのは、日魯漁業で生きてきた町みたいなところだったからね。「日魯に行かん人なんて人やない」ってほどの感じだったもの。

アン　宮原さんて、若いころからリーダーの素質があったんですね。学校にそんなふうに〃命令〃するなんて（笑い）。やっぱりすごい。

宮原　まあ、そういういきさつ。でも、わたしが、すんなり学校の言うことを聞いてあきらめたのは、当時は猫も杓子も男であれば遅かれ早かれ、みんな兵隊にとられるからと自分に言い聞かせた面もある。

アン　あっ、そのことが、もうわかっておられたんですか。

MIYAHARA'S KEY WORD 24
入社予定の会社へ。「これはわたしのせいじゃない。学校から謝りに行ってくれ」

MIYAHARA'S KEY WORD 25
当時日本人で漁業の種類知ってる人は、そうたくさんいないよ。

MIYAHARA'S KEY WORD 26
当時は猫も杓子も男であれば、遅かれ早かれみんな兵隊にとられた。

農林省勤め十か月で召集を受ける。

MIYAHARA'S KEY WORD 27
徴兵検査に筆記試験があった。農林省に入るときには筆記試験がなかったくせにねえ。

宮原 そりゃ、まあね。本格的な大戦にはなっていなかったけれど、満州事変や支那事変とかで、どんどんみんなが出征しているどきだったたし。案の定、農林省に入って三か月くらいしたら徴兵検査があった。今まで学生だということで、二回延ばしてますからね。東京で受けたらすぐ合格やと思って、「田舎で受けます」って言って、紀伊長島まで帰って、そこで受けた。わたしの故郷には、漁師になろうとしてるやつばっかりいるわけだから、頑丈なのがいっぱいおるやろ。当時、東京でひいひい言って働いていたわたしは十三貫(四九キロ)だった。六十人くらいが検査を受けました。わたしは最後だったの。延ばしてるからね。一般の二十歳の人たちが先に受けて。東京に勤めている人は、それぞれの地元に帰って試験受けるでしょ、みんな検査から帰ってきて徴兵検査の試験にはこんなのが出たとか教えてくれるの。あなた知ってるかな?「肥料の三原則を書け」とかね。

アン わたしは無知でわかりません。

宮原 尋常小学校で習うくらいの常識――〝窒素、リン酸、カリ〟やないかあ。

アン ごめんさい(と首をすくめる)。

宮原 で、そういう簡単な筆記試験があるわけだ。

アン えっ、徴兵検査って筆記試験があるんですか?

宮原 農林省は筆記試験がなかったくせにね(大爆笑)。司令官が、徴兵検査に来てね。大佐——金筋ふたつに星みっつで大佐殿。その人が、「きみ、今年の皇室の御内帑金(総費用)はいくらか知っているか」って聞く。そんなの知ってるわけがない。

アン 変な質問ですよね。

宮原 このあいだ陛下の詔書——勅語というけれども、あれが渙発されたけども、

入隊当時のわたし（昭和一五［一九四〇］年九月二十五日撮影）

MIYAHARA'S KEY WORD 28

優秀で名家の味噌屋の子、近衛兵に採用され満州で戦死。同窓の中で第一号。どうなるかわからんもんや。

「どういう意味の詔書か知ってるか」って言うから、「わかりません」って（笑い）。『国民精神作興に対する詔書』っていう、「世の中大変だから頑張れ」っていう、陛下の詔書が出とったわけ。

アン　ほんとは知っておられたわけ。

宮原　誰でも知ってるよ。でも中身聞かれたら「知らん」と。それからもうひとつ、皇室のことを聞かれたけども、みっつとも「わかりません」って答えた。そしたら「この不忠義者！」って怒られたけどね（大爆笑）。

宮原　それで全員みんな集めて、講評のときに、「諸君の中から栄えある皇室の警護を担当する者をひとり選ぼうと思ってきたけど残念だった」って。

アン　なるほど。じゃあ、ちゃんと質問に答えていれば、もうちょっといい部署で仕事ができたかもしれなかったですね。皇室の警備やってたら、戦地に行かなくて、すんだかもしれなかったですよね。

宮原　三題噺みたいになるけども、これはあとでわかったことだけど、前に話した名古屋の味噌屋の函館時代の同級生、この子も名家の子やったけども、その彼も軍隊に引っぱられて近衛兵に採用されて青山の連隊へ入った。満州事変が激しくなって、国民に国が総力をあげてやってるってところを見せないといけないっていうので、第一発目に青山の近衛歩兵三連隊が満州に送られた。そこで戦死した。わたしの同窓の中では戦死第一号やったね。

アン　あらまあ。どうなるかわからないものですね、人生って。

宮原　ほんと、どうなるかわからんもんやと思ったね。

幹部候補生の試験に一番で受かって加古川の高射砲第三連隊から千葉の防空学校へ。

MIYAHARA'S KEY WORD 29
兵庫県加古川の高射砲第三連隊へ入営。

宮原　検査を受けた人の入営日は、普通だと十一月一日なんですが、わたしは、お呼びがかからないからどうしたのかと思っていたら、翌年二月一日にひとりだけ召集されました。播州——兵庫県の加古川ってところの「高射砲第三連隊へ入営せよ」という赤紙がきた。農林省の保険課は、「特別会計で処理できるから大きな旗を立てよう」ってことで、でっかい旗を特別注文してくれた。竹竿三本でつなぐ大きな旗。東京駅では役所の関係者の見送りを受け、ホームの隅で未来の女房が下宿のおばさんと一緒にハンカチで涙をおさえているのを横目で見ながら、特製の大きな旗を持って、いったん田舎に帰った。田舎では家から駅まで歩いて三十分くらいの沿道をひとり、歓呼の声に見送られて……例の大きな旗を立ててね。

アン　なにか唄うんでしたっけ、出征のときには？

宮原　「天にかわりて不義を撃つ」……

MIYAHARA'S KEY WORD 30
「いくつ殴られるか勘定して帰るわ」なんてうそぶいたりして……。

千人針とか、そういうものをみんなにつくってもらったりしてね。今すぐ戦場に行くわけやないけども、どうせ行くことになるだろうということでね。

アン 水盃もかわすんですか?

宮原 水盃ねえ……そんなことはしなかった(笑い)。京都の祇園にある「一力」って料亭、知ってる?

アン ええ、中に入ったことはありませんが、前を通ったことはあります。赤い壁に囲まれた所でしょう。超一流の料亭。

宮原 どうせ死ぬからっていうんで、「一力」へ一晩泊まって。

アン まあ! 贅沢な出征(笑い)。

宮原 で、二晩目は、兵営がある隣の明石市の「明石ホテル」というところに泊まって。

アン で、一力では舞子さんを呼んだんですか?

宮原 そんなことできるわけないよ、そんなこと(笑い)……つき添いがふたりおったもの(笑い)。

アン でも、そういうのしゃれてますね、本当に。

宮原 どうせ、軍隊に入ったら思い切りやられると思っていた。「帰るまでにいくつ殴られるか勘定するわ」なんてうそぶいたりして……「明石ホテル」の女中さんが、「わたしの親は、連隊のすぐ近くに住んでいる。兵隊に行ったら、お父さんやお母さんに面会に行くよう言います」って言ってくれたりしてね。親類の者も二、三人一緒に来てくれていたから、ホテルで最後の一杯をやって、それで翌日、入隊したわけ。最初の日曜日がきたら、「宮原二等兵、面会人が来とる」って言わて……なんのことやろ、家の人が面会に来るような状況でもないやろうにと思っておったら、子ども連れのお年寄り

MIYAHARA'S KEY WORD 31
最初の日曜日に面会人が来たのは貴様だけだ。顔張られてねえ。いくつ張られるかを勘定するのはあきらめた。

MIYAHARA'S KEY WORD 32
しょうがないから幹部候補生の試験を受けた。まあ、成績は一番やったけどね。

がふたり。それが女中さんの親だった。約束どおり面会に来てくれた。お寿司やらなんやらつくって持って来てくれて……面会所の裏にちょっとした休憩所があって、そこで持ってきた料理を広げてくれたんやけど、とてもじゃないが、食べられるような雰囲気ではない。「部屋に帰って、みんなで分けて食べますから」って、ありがたく頂戴した。「連隊の中で最初の日曜日に面会者が来たのは貴様だけだ。なにごとだ」って（笑い）、古参兵に顔を張られた……このエピソードは、今でも忘れられん。腹立ってねえ。「明石ホテル」の女中さんの親御さんは親切でやってきてくれたのに、このていたらく。この事件で、いくつ殴られるかを勘定するのはあきらめた。どうせやられる、いじめられるってのはよくわかったから。そこで、幹部候補生の試験をしょうがないから受けた。まあ、成績は一番やったけどね。九個中隊からなる高射砲連隊の甲種幹部候補生は、十四、五人でしたかな……で、十四、五人の幹部候補生を連れて、千葉の防空学校へ移ったわけ。わたしがもらった命令は「宮原候補生は、幹部候補生十何名を引き連れて明日午後五時までに学校へ入れ」っていうものだった。とにかく昼過ぎに加古川を出て大阪まで出た。翌日の五時までに千葉に着いたらいいんやから、「翌日午後三時、総武線の船橋駅前に集合」という堅い約束をみんなからとりつけて、「わたしの責任において、ここでいったん解散する。きみらはみんな大学、高専出たような人ばっかりだ。諸君の良識を信じる」と言って解散した。大阪の連中も多かったのでね……いやあ、それにしても、いい加減なことをしたもんだと自分でも思う反面、よくやったとも思う。みんなも喜んでくれたしね。名残惜しんで恋人の

「昭和十六（一九四一）年二月十一日紀元節　軍曹に進みし記念に」と写真に裏書き

MIYAHARA'S KEY WORD 33
殴られたのは半年。軍隊ではいっぺん失敗すると序列がさがる。官庁のキャリアと同じ。

ところに行った人もおるやろうしねえ。わたしは家が紀伊長島やから、そこまでは帰られへんかったけども。三重の名張というところにわたしの姉がいたので、その日は、そこに泊まった。翌日、船橋の駅に、わたしはちょっと早目に行って待っていた。そしたらみんな神妙に早目に集まった。でもひとりだけ来ないんやね。もうドキドキした。それは誰かというと共同通信で記者やっとったやつ（笑い）。程度が低いよねえ。ギリギリになって、そいつがやって来て、あわてて、また電車に乗って稲毛でおりて。稲毛から十分くらいで校門に入ったわけ。時間が間にあったんで、調子よく「幹候隊本部に到着」と型どおり週番司令に申告を終えたとたん、「諸君は」と言うたか、「貴様たちは」だったかは忘れたが、「夜行に乗ったら朝の六時か七時には、着いてなくちゃならん。朝飯を用意して、昼飯も用意して隊では待っとったんだぞ」と怒鳴られた（笑い）。

アン　で、また殴られたんですか？

宮原　いいや、今度は古参兵じゃなく、大尉だったから大丈夫。その週番司令ってのが、悪いことに、その後、わたしの入る五中隊の中隊長だったの。とにかく、さんざんぱら怒られて。でも、まあ、そこはそれ、みんなが幹候隊だから同じような連中ばっかりだから、殴らないのね。

アン　そうか、みんなインテリだから、そういう制裁はしないんですね（笑い）。じゃあ、ぱんぱんぱんって殴られた経験は短い期間ですんだんですね。

宮原　半年。軍隊ではね、いっぺん失敗したら序列がさがる。官庁のキャリアと同じじゃ。

アン　でも、今の世の中では考えられないような人生経験ですねえ。

半年目に防空学校を緊急卒業、大阪へ。敗戦思想流布者として憲兵に呼びつけられる。

MIYAHARA'S KEY WORD 34
半年で防空学校幹部候補生を緊急卒業。見習い士官として大阪防空隊へ。

宮原　それから六か月間の訓練があったの。はじめのころの幹部候補生教育は九か月訓練しないと見習士官にできないということだったんだが、半年目に緊急卒業ということになった。

アン　三か月早い繰りあげ卒業……戦況が緊迫してきたせいかしら?

宮原　なんでこんなに早くと思っていたら、連隊に動員令がくだった。一個中隊を三個中隊に編成し直した隊は、予備役と数少ない現役の兵隊で構成されていて

幹部候補生時代の演習時に

高射砲を知ってるやつなんて、誰もおらん隊――とにかく人数を集めて三個中隊に分けた即席防空隊を、山の中の青野が原という演習場で三か月間訓練した。どうにか形になったのは十月の末くらいでしたかな。

アン　緊急卒業されたときには、どれくらいの地位になっていらしたわけですか？

宮原　見習い士官。任官前の見習いやね。わたしが赴任したときには、すでに大阪に田んぼを埋め立てた陣地が確保されていた。そこに高射砲やら兵器をいっぱい並べて敵機の空襲を待つわけです。ようするに要地防空ってやつ。それで昭和十六（一九四一）年十二月八日に戦争突入。そこではじめて卒業繰りあげ動員令を納得できたわけ。そこでは、涙ぐましいことをしていたの。明けても暮れてもアメリカの飛行機のB29とかP38とか、いろんな種類の模型を全部つくった。ちなみに、Bというのは爆撃機、Pは偵察機、Fは戦闘機。その模型を兵隊が長い竿の上につけてやる識別訓練をはじめ、実際の空襲に備えて戦闘訓練を昼夜を問わずやっていましたね。とにかく、みんなに飛行機の種類を覚えさすわけやね。そんなもの、パッと見たら敵機とわかるはずなわけね。なにをやってるんかって感じやったね。

アン　それにしても、日本は〝かわいらしい訓練〟をやってたんですね。

宮原　竹の棒切れで竹槍訓練をやってみたりね。

アン　それはそれで一所懸命だったんでしょうけどね。

宮原　そんなふうだから、わたしは、最初から、「この戦争には負ける」って言ってたんだ。

アン　でも、そのことはあんまり人には

MIYAHARA'S KEY WORD　35
防空隊の涙ぐましい訓練。米軍機の模型を竿の先につけて、識別訓練、戦闘訓練をしていた。

MIYAHARA'S KEY WORD　36
わたしはもう戦争に負けるって最初から言ってたんだ。

半年目に防空学校を緊急卒業、大阪へ。敗戦思想流布者として憲兵に呼びつけられる。

言わなかったんでしょ。

宮原　いいや、言ってた（笑い）。

アン　それは勇気がありましたね（笑い）。

宮原　だから、憲兵隊に二度ばかり引っぱられたもの。

アン　憲兵？

宮原　軍の警察。「誰かが兵隊に敗戦思想を植えつけとる」と評判になってね……ほら、わたしは、幹部候補生になってみんなを引き連れて加古川から千葉へ移動するとき、さっき話した〝いたずら〟をしたでしょ。そのことも含めて、成績は一番だったんだけど、序列はさげられた（笑い）……それはとにかく、毎日、訓練訓練に明け暮れた。大阪城に防空司令部ってのができて、東京では後楽園かなんかにも大砲を配置したり、ビルの屋上に機関砲を据えたり、日本国中の主要都市の防空のため、あらゆることをやったんだよ。われわれの陣地の前方にある生駒山系に監視所を置いたりもした。一見、都市の守りは万全だった。外地軍の連戦連勝がラジオをにぎわしたころです。わたしの陣地に入ってくる情報では、南方の天気が重要だった。爆撃機の発進地の天候がいいってことは、飛行機が飛んできて空襲される可能性があるってことだから。「本日は不適」って情報が入るときは、しけで飛行機が飛んでこないから休み。そうそう、「ぼうてき」っていう言葉があった。

アン　ぼうてき？　防ぐ敵で防敵？

宮原　冒険の冒や。すこしぐらい天気が悪くても無理して飛んでくる場合は、「冒敵」や……わたしは「冒敵将校」って呼ばれていた。というのは、わたしは勘がいいから、司令部の情報が冒敵と出れば「今日は、飛行機は絶対飛んでこない」と言って、夜こっそり遊びに行っとったんや、飲み屋へ（笑い）……。

MIYAHARA'S KEY WORD 37

天候がしけて敵機が飛んで来ないとき「不適」、少々天気が悪くても無理して飛んでこれそうなとき「冒敵」という言葉があった。

MIYAHARA'S KEY WORD 38

訓練訓練訓練の毎日。

「ドウリットル空襲」のときの敵機発見者は、わたし。

MIYAHARA'S KEY WORD　39
「ドウリットル空襲」が本土最初の空襲。

宮原　「勘がいい」という話をしたから思い出したんだけど、昭和十七（一九四二）年四月十三日に「ドウリットル空襲」ってのがあった……十八日だったかな……とにかく、これが本土の一番はじめの空襲。この空襲は、水産とも関係があるんで、ちょっと詳しく話しましょう。ドウリットルというアメリカの陸軍中佐が率いるロッキードB25双発の爆撃機（**陸軍機**）二十数機を航空母艦の甲板にロープでしばって、日本の近海までやってきた。そこから、その陸軍機を飛ばして日本を空襲して中国へ逃げるという空爆作戦。航続距離を計算して飛ばしたわけ。

アン　それが日本へのはじめての空襲？

宮原　ああ、最初。それで本土空襲をしたのあと、B25はみんな中国大陸に逃げた。航空母艦はさっさと反転してアメリカの基地へ帰ってしまった。ここで、さきほど話した水産の登場。こういう奇襲をあらかじめ予想して、三重県でもそうだったが、全国の大型漁船のほとんどが軍隊に徴用されていた。

アン　なんで漁船が？

宮原　本土からミッドウェイの沖まで、ずっと太平洋上に海軍将校ひとりを乗せ

MIYAHARA'S KEY WORD 40
日本本土最初の空襲「ドウリットル空襲」で、大阪に侵入した敵機を発見、司令部に通報するも信用してもらえなかった。

MIYAHARA'S KEY WORD 41
「なにを血迷って敵機発見なんておまえは言うか！」って叱られた。

た漁船を配置して、防空監視哨をつくった。軍部の考えたことですよ。敵の動向を監視してこの監視網をこえて日本本土へ近づく敵機がいれば無線で通報する仕組みです。問題の空襲のとき、じつは二隻の漁船がその空母を見つけた。しかし、その直後、米軍の支援戦闘機によって撃沈された。だから「敵艦見ゆ」の信号が日本に届かないで、不意をつかれたのが、本土最初の空襲になったのです。

アン　その沈没した漁船には、漁師が乗っていたのですか？

宮原　そう、ひとりの海軍将校以外は、みんな漁師——漁村や漁港と戦争との関係では、こういう話があるわけ。

アン　知りませんでした。これもひとつの日本の漁業史ですね。いい話を聞きました。この話と「ドウリットル空襲」、覚えておきます。

宮原　連中はみっつに分かれて、東京を空襲し、名古屋を空襲し、大阪へも一機、入ってきた。それを見つけたのは、わたしの中隊——わたしが飛行機を見つけた。やっと訓練が実ったと思ったね。そこで、電話で防空司令部に「敵機発見！」って電話したら「戦闘中止！」っていう返事が返ってきた。

アン　なんでですか？

宮原　わが情報を半信半疑で聞いて信用せんのや。前方の生駒山の上にも監視所がある、その途中にもたくさんの隊が配置されている。そんな監視網の中で、真ん中あたりに位置しているわたしのおる隊が、敵機発見とはなんだというわけ。たしかに、警戒警報発令中で、高度三五〇〇メートルあたりに日本の飛行機が旋回している。そういう警戒態勢の中で、「なにを血迷って敵機発見なんておまえは言うか！」って叱られた。ところがわが陣地の前方高度七〇〇メートルに突如

MIYAHARA'S KEY WORD 42

それで翌日連隊本部へ行って、連隊長にくだまいた。部下を信用せんにもほどがあるとね。

敵機が現われた。昔から大阪は「煙の都」といって、スモッグの町。その中にぽっと敵機が浮かんだ。そして、すっと通り過ぎていった。日本の飛行機と防空隊との示しあわせで陣地の上を飛ぶときには高度七〇〇メートルで、翼を振って飛ぶというとり決めがあったんや。そのとおり飛んできよった。ところが見とったら、どう見ても星のマークやないか。

アン 敵機！(笑い)

宮原 敵機や！(笑い)

アン アメリカさんは、日本軍のとり決めを、知っていたんですね。

宮原 そのとおり。もれてたわけやね……近所の民間の人は、みなその飛行機を見てるんですから……戦争してるのに、軍は敵機を見過ごして、大阪は警戒警報だけど、空襲警報も発令せんと思ったに違いない。みっともない話。その爆撃機は、大阪には爆弾を落とさずに神戸の小学校に持ってきた爆弾を落として、それでサッと中国に逃げた。ところが、小学校に爆弾を落としたから、罰が当たって中国の日本の占領地域に不時着して捕まった。これは戦後わかった話ですけどね。

アン なんか、運命ですね、復讐の運命劇というか……アメリカも真珠湾のお返しに、なんとしてでも本土を攻撃するという執念でやってきたんでしょうね。

宮原 その被害者はわしや(笑い)。わたしの中隊長は大隊長代理も兼ねていた。指揮小隊長を兼ねていたわたしは任官草々の新品少尉見習士官で、まあ、将校の候補生。中隊長代理でもあったわけだけど……それで翌日、連隊本部に来いって言われたんで行った。そこで、連隊長にくだまいた。「部下を信用せんにもほどがある。猛訓練をして敵機の識別も、しっかりできるようになっておったのに」と。「でも、きみの言うように飛行機を撃っておったら枚方の水源地に落ちたかもしれん。そのことで起きる被害のほうが恐い」と連隊長は言った（爆笑）。

アン　なんか、今の日本の指導層の人たちの中にも、そういう発想をするできの悪い人がいそうでおもしろい。

宮原　じだんだ踏んで部隊に帰った。

千葉の防空学校教官時代。

MIYAHARA'S KEY WORD 43
連隊長にくだをまいた一週間後に、「千葉の防空学校に教官として転属を命じる」ってことで転勤。

宮原 そんな事件のあった一週間後に、「千葉の防空学校に教官として転属を命じる」って辞令が出た。千葉の稲毛の防空学校に入ってくる幹部候補生の先生。自分が卒業したところの教官になった。

アン それは出世だったのかしら？（笑い） 宮原さんは問題児ですから、どこか安全な場所にしまっておいたほうがいいという思惑が軍にあったとか（笑い）。

宮原 たしかに出世ではないね。わたしは予備役でしたから。軍隊には、現役と予備役というのがある。現役というのは、陸軍士官学校とかを出たバリバリの職業軍人。わたしたちは、ほかの職業を持っていて、召集で呼ばれてるから、少尉に任官はしたものの予備役編入なんです。だけれども、召集はつづけると。「おまえは、予備役だが、兵役期間が終わっても簡単には帰らさんよ」と、こういうこと。そうなると矛盾が出てくる。わたしが、かりに幹部候補生を教えるとする。幼年学校から士官学校を出た若い、われわれよりふたつかみっつ年下の生徒が、ぽっと少尉になったりする。そしたら、それまで教えていたのに、立場が逆転して敬礼せんといかんことになる。序列が、一気にぐっとひっくりかえる。軍隊は、なにがなんでも現役優先だからね。

アン そういうのって非常に日本的という感じがしますけど（笑い）。

千葉の防空学校教官時代。

MIYAHARA'S KEY WORD 44

予備役と現役少尉の違い。われわれ予備役は、たるんだ帽子をかぶっていますね、でも向こうはピシッとしている。だから、一目でわかる。

宮原 そりゃあ、もう、たしかに予備役はたるんでます。職業軍人的な緊張感は持っていない。千葉へ引っぱられたあとのことですが、もよりの稲毛の駅は軍人だらけ。そこで、「おい、きみ、なぜ敬礼せん！」と同じ階級の若い少尉に言われる。こっちのほうが早く少尉になってるのに、予備役だから、おおいに怒られたりする——これは、えらいところに来たと思ったねえ（笑い）。久しぶりにイヤなことを思い出した。

アン 予備役と現役の少尉の違いって、一目でわかるんですか？

宮原 われわれはたるんだ帽子をかぶっているし、年もとっている。でも、向こうはピシッとしてる。だから一目でわかる。

アン 帽子のかぶり方？ 形が違う？

宮原 われわれは、〝ええカッコしい〟だから、マッカーサーがかぶるような帽子をかぶってる（笑い）。

アン 反骨の証明というか（笑い）。

宮原 そうそう。でも、現役は四角いカンカン帽みたいな帽子をね（笑い）。

アン ところで、そのころの月給は、どれくらいだったんですか？

宮原 少尉で百円。わたしが農林省入ったときの月給が七十円だから、かなりの高給。

アン 今のお金に換算すると？

宮原 その時分の物価でいうと、うどんが五銭ないし六銭、ラーメンが十五銭。

アン 敗戦まで千葉で教官を？

宮原 のちに浜松に移ったが、戦争が終わるまで教育担当だった。戦争に負けて、謄写版で陸軍大尉って辞令をもらった。ポッダム大尉。破ってしまったけど……この話、おもしろいでしょう。

アン 素晴らしいお話。ビビッドで、冒険小説を読んでいるような気分になりました。

戦争に協力させられた漁船秘話。

アン　戦争中の漁船の話が、さっき、ちらっと出たんですけど、その話にしぼってもう少し詳しく聞きたいと思います……監視役に漁船が、ミッドウエイ付近まで出かけたという話をもう少し聞かせてください。戦争の話っていうのは、兵隊さんとかヒーローの話は聞けるんですけど、そのうしろにいた漁師たちのことや漁船が戦争中にそこまでの役割を果たしたなんてことは、あんまり歴史の本に載っていないと思うんで、ぜひ聞かせていただきたいなと。「常民戦争史」は、わたしの研究テーマのひとつなんです。

宮原　わたしのライフ・ワークは日本沿岸の漁業協同組合というものをベースにした仕事。わたしは戦争が終わるまでは、漁村出身者でありながら、ほとんど漁村のことは知らなかった。学校を出てからすぐに農林省に入って、それから兵隊にとられて、故郷へ帰ってきてびっくりしたという状況。そこではじめて、彼ら、すなわち漁業が戦争に使われておったということを知ったわけです。

アン　そうですか。軍隊から帰ってこられたあとに、はじめて、その実態をお知りになったんですか。で、ショックを受けられた？

宮原　戦争が終わってから、漁業者の人たちが漁船とともに復員してきたんです。「おまえ、どうしたんだ？」って聞い

■「戦史、戦記の類が世に多く出ているが、徴傭船に関するものは極めて少なく、特に小型船舶の漁船や機帆船については、乗組員ともども戦争に参加した事実さえ、あまりにも知られていない……およそ船と名のつくものは根こそぎ徴傭され、戦争に駆り出された。沈没した戦艦は、およそ一万六千余隻といわれ、そのうち九割は民間の商船や漁船、機帆船であった。」（『鎮魂漁船かく戦えり・引本徴傭漁船奮戦記』濱田眞人著・平成八年・非売品）■

MIYAHARA'S KEY WORD　45
わたしのライフ・ワーク

は沿岸で漁業協同組合をベースにした仕事ですわ。

戦争に協力させられた漁船秘話。

戦争中　役に立ちそうな漁船は軍に徴用された（撮影　相沢一郎　第十一回漁港漁村写真コンクール入選作品より　＊写真と対談内容は無関係）

たら、「徴用された船が沈没したから、残ってる船を持って帰ってきたんだ」と言う。戦争が終わった直後は、早いもの勝ちでした。馬やら、米を持って帰るやつもいたが、うちのやつらは、他人の船を持ってきた（笑い）。「自分の船をとられたからとり返してきた」——ようするに海軍が、大型船、百トン級のカツオやマグロの漁船を徴用して、軍が使役に勝手に使ってアメリカさんに沈没させられたから、混乱にまぎれて、とにかく、一艘いただいてきたと。戦争が始まった直後に、全国の大型漁船のリストをつくった。さっきも話したように、その中から役に立ちそうな漁船は、徴用された。大型船、三十、四十トンの小さい木造の船までも……。

アン　何人乗りの船なんですか？

宮原　小さいやつは四、五人乗り。普段、日帰り、あるいは一晩、沖に泊まって、日本の沿岸で漁業をしているそういう船がたくさん徴用された。これは暁部隊という陸軍の命令です。広島の呉という軍港の近くの宇品に陸海軍のそれぞれの基地があったんですが、そこに日本の徴用船を全部集めた。南方の占領した島じまに物資や兵員を送るために使われたわけです。さっき漁師が沈められた自分の船のかわりに他人の漁船を持って帰ってきたというのは、そういう船です。徴用した漁船の中で優秀な大型船を使って、ミッドウエイ北東を先端にずっと円を描いて、南太平洋まで監視網を張った。一艘に海軍将校をひとり乗っけてあとは漁師を使って、その任務につけさせた。アメリカの飛行機や軍艦や潜水艦が日本にやってくると想定したわけです。だって、漁船には無線があるし、毎日、海上で定点観測するには、これ以上のものはないでしょ。だいたい五〇キロから一〇〇キ

MIYAHARA'S KEY WORD 46
漁船の乗組員は軍属。軍に属するから軍属。ノンキャリアです。

ロくらいの間隔に漁船を並べて、敵を見張っていた。昭和十七年四月の「ドウリットルの空襲」のとき、そんな漁船のうちの二艘が航空母艦を見つけたけども、戦闘機が援護してますから、それに爆撃されて、「敵機発見」という報告もSOSも出せないまま、あっというまに、やられてしまった話も、さっきしましたね。当時、このことは軍事機密として伏せられていて、戦後相当たってから、わかったことですが。

アン　じゃあ、その見張りの漁船はみんな沈没したわけですか？

宮原　そう、みんな沈没。乗組員の漁民たちは、戦死扱い。戦後復員して漁業者の話をいろいろと聞いているうちに、漁船と戦争との関係がだんだん、わかってきた。船を徴収されて使われたうえに、船と一緒に漁師も連れていかれたということ。

アン　待遇はほかの兵隊と同じですか？

宮原　いいや、軍属というの。軍に属するので軍属。

アン　軍属っていうのは、下っぱってこと？

宮原　いやいや、ノンキャリア（笑い）。

アン　ノンキャリア——ありがとう、わかりやすい！　最近やっと日本における〝ノンキャリアのニュアンス〟がわかるようになったので（笑い）。でも、そういう感覚は、カナダ人のわたしにはないんです。同じ仕事をやってる人たちは同じような枠に入れて見たらいいんじゃないかとわたしは思うんですけど。

宮原　ようするに漁師は、戦争中、雑役夫として使われた。だけど漁師は船を操縦することができるから、便利で役に立つ雑役夫だったわけ。

結婚、そして長男誕生裏話。

アン　たしか、ご結婚なさったのは、軍隊時代でしたね？

宮原　軍隊時代の昭和十八（一九四三）年。今、全漁連の常務になっている息子が、昭和十九（一九四四）年一月十五日生まれ。話は長くなりますが、昭和十九（一九四四）年の一月十五日に陸軍三長官――陸軍大臣、参謀総長、教育総監の三人を陸軍三長官っていっていたが――その教育総監が、関東・東海の連隊長を全部集めて、米軍が静岡付近に上陸したときの軍の対応如何という想定で日本軍の対応を研究したことがありました。現地作戦で、敵がここらへ上陸してきたときどうするかということを研究するわけね。その作戦に二十何人かの連隊長が参加した。そのとき、わたしに急に、「自動車係将校を命ずる」って辞令が発せられた。どんな役かといえば、どこそこで演習する、次にどこかへ移動するとなったらすぐに動けるように車の手配をして現地での移動をスムースにする役です。千葉の防空学校の校長（陸軍少将）が、その作戦に参加するということで、わたしが係を命ぜられた。防空学校の校長の車はフォード。

アン　戦争中、敵国のフォードの車を使っているというのは、すごい！

宮原　そのフォードに乗って、三宅坂の教育総監部に行った。教育総監が乗って

MIYAHARA'S KEY WORD　47
日本軍の高級将校たちが使っていた車は米車。

軍隊時代の昭和十八（一九四三）年に結婚（二月二十一日撮影）

結婚、そして長男誕生裏話。

いた車はビッグ。

アン ビッグもアメリカの車では？

宮原 そう、米車。当時の最優秀車でした。占領下のシンガポールあたりから運んできたのかもしれません。将官は車に黄色い旗を立てる。佐官は赤、尉官は青。わたしに教育総監のビッグに乗って、静岡まで回送する役割がまわってきた。

アン ところで、ビッグは文字どおり大きな車ですか。キャデラックくらい？

宮原 キャデラックより大きいよ。あのころ、いい車はみんな外国製だったの。日本製の高級車はなかったの、軍隊には。

アン 当時は「英語を使ってはいけない」という〝きまり〟があったようですけど、フォードは軍隊では、なんと呼んでたんですか？

宮原 フォードはフォードや。

アン （苦笑しながら）なんか矛盾してるような気がするんですけどね。

宮原 外では使わんけど、わたしたちは平気で英語しゃべってた。二台の車を並べて東海道を走ったわけ。その朝、防空学校を出発するときに千葉の陸軍病院に電話をかけたの。前置きが長くなったけど、ここで最初の長男の出産の話に戻るわけだが、お産がどうやと思って電話した。そしたら、「男の子が産まれました」と。それが長男の誕生。一月十五日。そこで防空学校の校長の車に乗って千葉から東京へ行って、回送予定の総監の車に乗りかえて出発した。「旗、どうしますか？」って、係の兵隊が聞くから、「嬉しいので黄色い旗を立てよう」って（笑い）……もう、軍法会議ものよ。うしろにフォードの予備の車を従わせて、階級がわからないように毛布で襟章を隠して出発。東海道も今のようには車が走っていないからスーッと走った。その時分は、道を走っている車は、軍隊車が、ほとん

長男邦之とともに（昭和十九〔一九四四〕年春）

MIYAHARA'S KEY WORD 48

長男の誕生が嬉しくて、長官専用車に本人が乗ってもいないのに、黄色い旗を立てて東海道を走ったりする、おちゃめをやったけど、軍人でめったにこんなことした経験のある人はいないよね。

どだった。静岡まで飛ばした。演習してる兵隊が沿道のあちこちにいた。黄色い旗を立てた車が二台、パッと走ってくるもんだから「演習やめい！」とか言って最敬礼（笑い）。そんないたずらをしたのが懐かしい。見つかったら、あれはえらいことやったね。

アン　（笑いながら）すごいですね。でも、宮原さんて、いつも余裕がありますね。

宮原　幹部候補生を大阪で解散させて遊ばすような男やからね、わたしは。やんちゃでね……とにかく、演習の状況を見ながら次の移動場所にサッと車をまわすというこの仕事を四日間やらされた。すぐにでも、生まれたばかりの子どもの顔を見たいし、家にも帰りたかったけど、そうはいかなかった。このあとは防空学校から大尉のだいぶんえらい人がやって来て、「今度はおれが、おまえと交替する」ということで、この任務はおしまい。

このこととの関連で、子どもの誕生と、その経過をすごくよく覚えてるわけ。しかし、わたしは、やんちゃだったから、長男の誕生が嬉しくて、長官専用車に本人が乗ってもいないのに、黄色い旗を立てて東海道を走ったりする、おちゃめをやったけど、軍人でめったにこんなことした経験のある人はいないよね。

アン　ほんと、わたしもそう思います。それはそれとして、今のお話でおもしろかったのは、その当時、軍がフォードやビッグを使っていたってこと。名前もそのまま英語で言っていたというのは、はじめて知りました。

宮原　日本にはそんな高級車はなかったし、日本語で呼びようもなかった。わたしもこの役目をおおせつかって、はじめて知ったんですから。

浜松の防空学校に艦砲射撃の直撃弾が……。

アン　戦争中、昭和十七（一九四二）年、アメリカの爆撃機を目撃されたあと、千葉の防空学校へ教官として赴任され、やんちゃでおちゃめな〝事件〟を、ときどき起こされながら、幹部候補生の教育をしてらした。その後は？

宮原　高射砲は新しい技術でしょう。半年ごとに次つぎと入ってくる幹部候補生を短期教育で卒業させるという重労働の繰り返しで、こんなことならば戦地へ行ったほうがましだと、たえずチャンスをねらっていたわけです。そのうち、日本は危ないとわかってきたから、千葉とか相模湾とか静岡に敵が上陸してきたら、西のほうと分断されるから、防空学校をふたつに分けたわけ。浜松が西のほう、千葉が東のほうの教育を担当するということになった。いの一番に手をあげた。「西のほうの学校へ行く！」と。そのほうが家に近いから。それで浜松へ赴任した。

アン　はじめての転属ですよね？

宮原　防空学校で先生をしているときに、三回、転出する機会があったの。一回めはラバウルの防空隊転出。ラバウルは南方基地の中心でしょ。優秀な防空隊

MIYAHARA'S KEY WORD 49
戦地へ行ったほうがましだと、たえずチャンスをねらっていた。

浜松の防空学校に艦砲射撃の直撃弾が……。

を配置しないと機能喪失するということで、防空学校の精鋭を募ってラバウルまで出したわけ。で、手をあげたら、「おまえはダメ。教育に専念しろ」って言われた。役に立たんと思われていたんでしょうね。ラバウルに行った高射砲隊は、少しのあいだに百何十機って落としてるんだよ。うちの防空学校から行った優秀な連中がね。通常だと、新品少尉が中隊長になるんだけど、この隊は中佐が隊長として行ったの。そういうわけで、ラバウルは孤立しても残った。アメリカは、「ラバウルは空襲しない、あそこに行ったら落とされる」ってね。それほど優秀だったわけ。わたしではないんですがね（笑い）。その次はキスカに行く機会もあって、そこでも三十何機落としてるんやね。

アン　アリューシャン列島のアッツ、キスカでは、大変な戦闘があったと聞いていますが？

宮原　うん。アッツ島は玉砕した。全員死んだ、爆撃でね。で、キスカの連中は生き残って、北海道へ逃げてきた……わたしは志願したけど、あそこへも行けなかった……。

アン　……行きたくても行けなかった。

宮原　そう。で、三回目は満洲に学校をつくるとき。それにも手をあげたけどダメ。その当時、防空学校には、わたしと同じような教官が四人いたが、ふたりがそっちへ引っぱられた。東大出でのちに新幹線の技師長になった人と、京大出てのちに建設省の技監になった人のふたり。もうひとり、わたしと同じように残された人は、鉄道省から国鉄に入り、常務理事になり、第二京成か、新京成かの社長になったね、今はもう辞めたけどね。わたしは別にして、そんな連中が教官としておったわけね。そういう優秀な連中が、午前中は高等数学を教えて、昼から

MIYAHARA'S KEY WORD 50

毎日、もう、イヤでイヤで。それで学校をふたつに分けるというときに、どうせなら、なるべく故郷に近いところにいようと思って浜松へ行った。

MIYAHARA'S KEY WORD 51

戦争中に高等数学を教えるようでは戦争は負け。

MIYAHARA'S KEY WORD 52

米軍が、五月に浜松を砲撃した。学校にも直撃弾が当たって、二十何人が死んだ。

は演習、夜は夜間演習。

アン　ああ、なるほど。高射砲を撃つのには高等数学がいるわけですね。何分後に、敵機はここにこうやって来るという計算をしなければならない。

宮原　航速百二十とか秒速一二〇メートルとか、一番早い飛行機でも、時速に換算して三〇〇キロくらいの飛行機を想定して練習してました。戦争中に高等数学を教えるようでは戦争は負け。考えているうちに飛行機は飛んでいってしまう（笑い）。

アン　教科書のようなものはあったんですか？

宮原　教典といって、通信、自動車、大砲、そういうことが全部載ってる教科書があった……とにかく、そういう教育をしていて、大変だったもんだから、逃げたかった。外地へ行ったら威張っておれると思ったりしてね（笑い）……そりゃ、そう思うわね。毎日、もうイヤでイヤで。それで学校をふたつに分けるというときに、どうせなら、なるべく故郷に近いところにいようと思って浜松へ行った。ところが、浜松に来て、一か月もせんうちに、艦砲射撃。

アン　艦砲射撃？

宮原　艦砲射撃っていうのは、軍艦の上から敵地の陸の施設に大砲の弾を打ち込む攻撃のこと。米軍が戦艦から小型艦艇まで含めた何百隻かでやってきて、浜松を砲撃した。五月でした。学校にも直撃弾が当たって、二十何人死んでるの。われわれの学校は高射砲一連隊と同居で、その奥のほうに爆撃機が離発着する飛行場があった。そこをねらった。

アン　ということは、アメリカの軍艦が、浜松のすぐそばまで来てたってことですね。

宮原　音沙汰なしで、敵は、突然、目の

浜松の防空学校に艦砲射撃の直撃弾が……。

前にやってきた。その時分にはすでに制空権も制海権も奪われて、敵にやられるがままになっていた。いきなり照明弾を打ちあげて真昼のような明るさの中で艦砲を撃ちまっくた。迎撃用の日本の飛行機は全然飛ばない。一夜明けての惨状は目を覆いたくなるようなありさま。あとで飛行隊の将校に聞いた。「どうなってんだ。やられ放題ではないか」とね。

アン　なぜ、反撃できなかった？

宮原　飛行機が何機あったか知りませんが、みんな偽装したえん体（**掩体＝飛行機に見せかけた物体**）を保護するために造った壕に隠して、一機もよう出ない。「本土防衛に備えて温存してるんや」ってのが飛行隊の将校の答え。こんだけやられて本土防衛もあるかってなもんだよね。

アン　そういう極限状態の中では、人間のいろんな面が、露骨に表に出たでしょうね？

宮原　われわれは教育隊で、平時部隊。だから、女房も連れておったし、家も持っていた。まあ、この攻撃のあとは、女房をとても浜松に置いておくわけにはいかんから、田舎に帰して身軽になって、軍務に励まねばと、殊勝な決心もしました。そうこうしているうちに、一か月くらいしたら、焼夷弾空襲で浜松は火の海。艦砲でつぶして燃えやすくしておいて、徹底的にやられた。浜松の二俣（**現在天竜市**）ってところにわたしの親類がおって、そこに女房を、一時、預けといたんですけど、一緒に住む家を探すのに女房が浜松へ来たとき、空襲警報の発令。隊の近くへ家を決めたあとだったけど軍隊の、防空壕へ入って、空襲警報が終わってから見に行ったら、その家がもう焼けてなかった。だから、これは、もういよいよダメだってことで、女房を田舎へ帰した。これが昭和二十年の七月ごろ。

MIYAHARA'S KEY WORD 53

隊の近くへ家を借りることに決めて、防空壕へ入って、空襲警報が終わってから見に行ったら、その家がもう焼けてなかった。

終戦――その前後の混乱。

宮原　八月十五日の天皇陛下の放送を浜松で聞いたとき、広島や長崎でやられた者も、血をだらだら垂らして、たくさんおった。命令されて学校に入学してきたの。

アン　えっ！　広島で被爆した人たちが？

宮原　こう、なんか皮膚がただれたようになった人たちが入校してきたので、もう、これはどうなっとんだと思っているところで、十五日の放送を聞いたわけです。浜松は艦砲射撃にも爆撃にも焼夷弾にもやられて、ここはもうダメだ、というのが当時の正直な感想だった。考えてみればあのへんは米軍上陸の最適地だということで猛攻撃に晒されたんでしょう。ここにおっては、教育の目的を達せられんから、もう少し西のいい場所はないかと探したところ、瀬戸内海なら艦砲射撃もないだろうということで、探しあぐねた果てに決めたのが赤穂浪士の播州赤穂。そこへ防空学校を移転するということが、急遽、決まった。赤穂の近くのわたしが召集を受けた加古川に高射砲三連隊があって、そこで教育するということが決まった。十五日以前の八月十日ごろからどんどん荷物を送ってたわけね。兵器とかなんかを。だけど、突然、十五日に「戦争は、負けた」という放送。「負けた」と言われても、もう荷物は送っち

MIYAHARA'S KEY WORD 54
八月十五日の天皇陛下の放送は浜松で聞いた。広島や長崎で原爆にやられた者が、血をだらだら垂らして、たくさん命令で学校に入学してきた。

MIYAHARA'S KEY WORD 55
赤穂浪士の播州赤穂に防空学校は移転。

MIYAHARA'S KEY WORD 56
持っていった大砲や兵器を駅前の広場に並べて……城明け渡しやったね……忠臣蔵で赤穂浪士が殿様が死んでから城を明け渡したでしょ、あれと一緒。

宮原 ようするに、前もって送っていた自分の荷物をとりに行ったんです。高射砲というのは、自動車で引っぱって移動させるんですが、汽車があるところは汽車に積んで、あちこち移動する。そうやって運んだ兵器を米軍に、みんな引き渡す。でも、すぐには米軍はやってこなかったから、それから毎日、赤穂の川で水泳。

アン 水泳!? (笑い)。

宮原 だって、訓練したってしょうがないからね。

アン 上からの指令なんかは出なかったんですか?

宮原 上も混乱していた。勝手に帰るわけにはいかないし、兵をそれぞれの故郷に帰すにしても、いろいろと事務的に整理することがいっぱいありますよね。

アン それはそうですね。

宮原 だから十日くらいじっとしてたゃったし、仕方ないから、みんなで赤穂までとりあえず行こうってことになった(笑い)。そのときは、もう空襲警報はないよね。戦争は終わったんだから、どうどうと電気をつけて、赤穂まで行ったの。

アン みんな素直でしたね(笑い)。何人くらいで?

宮原 全員、何百人ですよ。汽車に乗って行った。

アン 負けたけど、荷物を運ばなければならないなんて(笑い)。

宮原 私物も含めてみんな送ったあとだから。持っていった大砲や兵器を駅前の広場に並べて……城明け渡しやったね……忠臣蔵で赤穂浪士が殿様の死後、城を明け渡したでしょ、あれと一緒。

アン でも、よく荷物を運んだな、と感心します。わたしだったら、「戦争は終わりました。もう家に帰ります、グッド・バイ!」って。

八月三十日になって、幹部候補生は召集解除で全部帰すことになった。「わたしは予備役だから、一緒に帰してくれ」って頼んだ。

アン　そこで、またパッと手をあげたわけですね。

宮原　**（笑いながら）**それで、幹部候補生と一緒に帰してもらったのね。だから、終戦後、隊には十五日間しかいなかった。

アン　まだ、残っていた人たちもいたんですか？

宮原　残ったのは、現役。戦争中に威張っていた連中。「きみたちは最後の始末をして帰れ。おれは先に帰るから」って。だって、最後にそれくらい、威張らなきゃ、あれだけいじめられたんだから。

アン　戦争に負けたとわかったとき、みんな、どういう気持ちだったんですか？

宮原　米軍は野蛮だから、女子どもが危ないとか、軍隊に席を置いたものは罰せられるとか、怪情報が乱れ飛んだ。戦争が終わったあと、隠密に人を呼んで、世情を調査したりした。軍隊ってのは隔離されてるから、〝地方〟**（一般社会を軍では、こう呼んでいた）**の状態がどうなってるのか、まったくわからない。だから、あれこれ調べて、「まあ、これだったら大丈夫」ということになった。日本は混乱状態だが、米軍との関係は心配ないということで、とりあえず幹部候補生を帰したわけです。その連中、その後、浜松隊というグループをつくって、毎年一回ずつ会合をやっている。わたしも、そこに呼ばれる。

アン　まあ、今でも！

宮原　戦友会ってのを結成した。このごろは忙しくて、わたしは行かれないけどね……それはとにかく、終戦のとき、わたしは中尉でした。二千八百円の退職金をもらった。二千円は、定期証書——

MIYAHARA'S KEY WORD 57

終戦後、隊には十五日間しかいなかった。

MIYAHARA'S KEY WORD 58

終戦のとき、わたしは中尉でした。二千八百円の退職金をもらった。二千円は、定期証書——今でいう定期預金。

MIYAHARA'S KEY WORD 59
軍隊の退職金は二千八百円。八百円はキャッシュ、尻のポケットからすられてしまった。二千円は定期証書、一か月後にこれも不渡り。

MIYAHARA'S KEY WORD 60
なくなったものは仕方ない……おかげで、しばらく、食うや食わずの状態だった。

今でいう定期預金。八百円はキャッシュでもらって尻のポケットに、定期証書は胸のポケットに入れて、とにかく、八月三十日に家に帰った。大阪の近鉄に乗ってるうちにキャッシュは、すられてしまった。八百円の現金が、家に帰ってみたらない。抜かれたってことは頭になかったから、トイレで落としたかと見にいったりした。現金は見つからなかったけど、でもまあ、二千円の定期証書があると自分に言い聞かせた。ところが、一か月後にその退職金の定期証書は不渡りになってしまった。政府は第一預金、第二預金とランクをつけて、第一預金は三百円、第二預金は封鎖。権利は認めるけれども、出し入れ禁止というお達しを出したうえに、新円という新しい貨幣に切りかえたの。

アン あんなに命がけで働いたのに？これは痛いなんてもんじゃあないですねえ。盗まれたキャッシュはとにかく、二千円が不渡りになったことのほうが、もっとショックですよね。国のために働いたのに。

宮原 そりゃそうだよ。終戦直後の物価でいうと、二千円あれば家が一軒建ったもの。それくらいの価値がある金がパッと一瞬にして消えた。

アン 戦争に負けたショックもおありだったでしょうに……まさに、踏んだりけったりですね。最悪！

宮原 仕方ないよね、なくなったものは……おかげで、しばらく、食うや食わずって状態だったねえ。

終戦後のゼロ・スタート
——農林省から三重県漁連へ。

アン　すべてがパーになって、それからまたゼロからスタートしたわけですね。八月三十日に三重県に帰られて……。

宮原　……気をとり直して、故郷の家に四、五日いたあと上京して、農林省に出勤。有楽町に蚕糸会館ってあるでしょ。あそこが水産局の引っこし先やった。

アン　故郷で息抜きされたのは、たったの四、五日!?　もうちょっと休まれてもよかったのでは!?……まあ、そんなことは言っていられない状況でしたか……。

宮原　そうね。九月はじめには、次なる行動を起こしていた。役所がどうなってるかと気になったしね。でも、焼け野原の中で、どんなふうに行動していたか、思い出せない。一か月のあいだ、どうやって過ごしていたのか記憶にない。敗戦でやられて頭がパーになってしまっていて……だから、あの時期、どこにもぐりこんで暮らしたのか、よくわからん。

アン　日比谷公園?

宮原　(**笑いながら**) いや、ルンペンやっていた記憶はないねえ。どこかでちゃんと暮らしたはずですよ。

アン　とにかく、すべてが相当ショック状態だったということですよね、記憶を

MIYAHARA'S KEY WORD 61

故郷の家に四、五日いたあと上京して、農林省に出勤。

MIYAHARA'S KEY WORD 62

敗戦でやられて頭がパーになってしまっていて……あの時期、どこにもぐりこんで暮らしたのか、よくわからん。

MIYAHARA'S KEY WORD 63
わたしは、元来、のほほん、のんびりしている質《たち》。あんまりクヨクヨしない。昔からクヨクヨすることは、自分の性分にはあわない。

なくしていらっしゃるってことは。

宮原　でも、わたしは、元来、のほほん、のんびりしている質《たち》。あんまりクヨクヨしない。昔からクヨクヨすることは、自分の性分にはあわない。

アン　終戦直後の東京は、どんな感じだったんですか？

宮原　それはもう……新宿なんて、あなた……とにかく焼け野原でね、みんな地下壕で暮らしてた。一部、まるまる焼け残ったところもあってね。そういうところでは、一軒に何家族も暮らしてた……（ここで、視線を遠くに泳がせて）ほんと、何度思い返してみても、わたしはあのとき東京に帰って、どこへもぐりこんだのか、思い出せないなあ。

アン　東京に来たときは奥さんもご一緒に？

宮原　いやいや、田舎に置いて上京した。第一、汽車に乗るのが大変だったからね。戦争に行く前の自分の「農林省」の名刺が残っていた。それを改札で見せて、「どうしても公用で東京に行かないといかんから切符を売れ」と。とにかく、普通では、切符も買えない状況だった。

アン　でも、まあ、よく名刺が残っていましたねえ。切符代は？

宮原　（憮然とした風情で）お金は家にあったの。それくらいの金は、なんとかなる……学生時代に田舎から出るとき、今でいうグリーン車に乗って北海道に行ったような生活をしていたんだから、家には、多少のものはあったわけね（笑い）。

アン　失礼しました（笑い）。

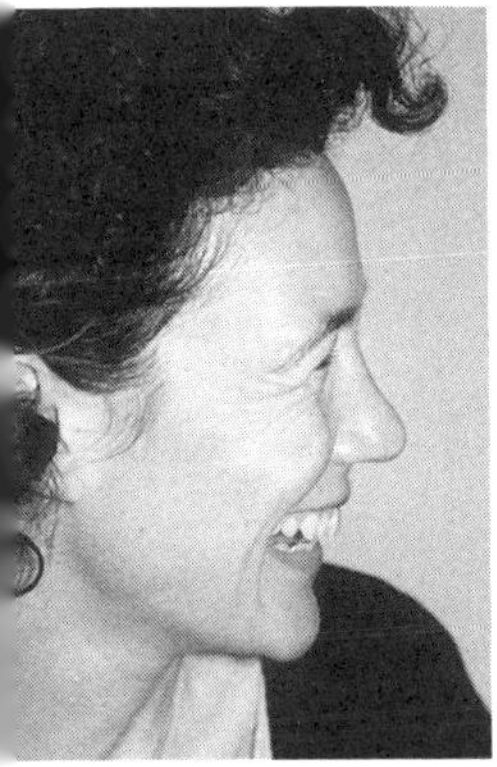

「中央水産業会は解散、閉鎖せい！」——昭和二十七年、全漁連の誕生。

宮原　敗戦後、占領軍が来てからが大変だった。農業界には農業会というのがあったが、組織としては直接、戦争に関係なかった。ところが漁業の組織は、漁船が日本軍の傘下に入っていたわけですから、「軍に協力して漁船を供出した」ととらえられるわけですね。

アン　なるほど。たまんないですね。

宮原　ですから、水産は戦時協力団体ということで、昭和十七年にできた水産業組合団体法に基づく中央水産業会は、進駐軍がやってきたとたんに、「解散、閉鎖せい！」と、こうなったわけです。戦時協力団体だから存続を認めないというのです。

アン　そんなことが、できたんですか？

宮原　占領軍には、できたんですね（笑い）。オールマイティーですからね、占領軍は。憲法も法律もなにもないんですから。そのころ、わたしの先輩の石原円吉先生、衆議院議員で、三重県水産業会の会長もしとった人が、「戦後の漁村や漁港の建て直しには、漁協の幹部を養成しなければならん」と固く心に決められた。ところが中央水産業会直轄の漁業組合学校というのもつぶされた。そりゃあそう

MIYAHARA'S KEY WORD　64
昭和十七年にできた水産業組合団体法に基づく中央水産業会は、進駐軍がやってきたとたんに、解散、閉鎖。

MIYAHARA'S KEY WORD　65
先輩の石原円吉先生の持論、「漁協の幹部を養成しなければならない」ということで、手伝って「財団法人漁村教育会」をつくった。

MIYAHARA'S KEY WORD 66
昭和二十六（一九五一）年に講和条約が発効したあと、昭和二十七（一九五二）年に急いで全漁連をつくった。

MIYAHARA'S KEY WORD 67
県の団体は残っていたから、わたしが農林省におるのを見て、「おい、おまえ、田舎へ来てやれ、助けてくれ」ということで引っぱられた。

MIYAHARA'S KEY WORD 68
防空学校所属の敗戦将校、ポツダム大尉、漁民に転身。

でしょう、母体の組織がダメになっていたからつぶれるのは、当たり前。それで、わたしも手伝わされて、役所と交渉して、財団法人の漁村教育会というのをつくった。ようするに、全国から子どもたちを集めて勉強させたの。

アン　じゃあ、戦争が終ったあと、漁業はいったん、休業状態だったんですね？

宮原　はい。正式には閉鎖機関と言うんだね。とにかく、「全国組織はダメ。旧来の組織は閉鎖。新しく衣がえは許さない」ということです。みんなやめさせられたわけです。昭和二十六（一九五一）年に講和条約が発効したあと、昭和二十七（一九五二）年に急いで全漁連というのをつくったんです。

アン　長い空白ですね。そのあいだ、日本人は魚を食べなかった？

宮原　いやいや。各県の団体は残って活動してたわけです。中央だけがダメになった。

アン　ああ、そういうことですか……戦後、しばらく日本人は魚を食べられなかったのかと心配しました（笑い）。

宮原　県の団体は残っていたから、わたしが農林省におるのを見て、「おい、おまえ、田舎へ来てやれ、助けてくれ」ということで引っぱられた。

アン　それで、宮原さんは三重県水産業会に、昭和二十（一九四五）年から参加されたわけですね。

宮原　防空学校所属の敗戦将校、ポツダム大尉、漁民に転身、というわけ。

「闇市場に魚を流すな！」——三重県漁連配給課のころ。

MIYAHARA'S KEY WORD 69
戦後の日本の海は、魚を手づかみでもとれそうな〝豊饒の海〟だった。

アン　こういった、もろもろの経過をたどって、また役所に戻って漁業関連のお仕事を再開されたわけですが、まわりは一面の焼け野原……戦後の漁業の復興というのは、大変だったのでは？

宮原　田舎はまだ健全。東京はもうダメだったけどね。

アン　地方には、なんだかんだといっても残っている漁船もあるし、ちゃんと漁業は、機能していたわけですね。

宮原　うん。そういうことで、「田舎で手伝ってくれ」って言われたので、これ幸いと故郷に帰ったわけだけど。とにかく目の前の海は、魚を手づかみでもとれそうな〝豊饒の海〟だったの。

アン　なるほど。戦争中はあまり漁ができなかったから。

宮原　それで、田舎はおおいに威張ったわけ。農業も漁業も。みんな食べるのに精一杯の時代でしたから。漁村は畑も田んぼも少ない。でも、魚がとれる。だから、農村に魚を持っていって物物交換でお米とかえたりしたわけね。

アン　それはおもしろいですね。都会の人は物物交換に着物を持っていったりしたと聞いていますが、魚と米の物物交換って、シンプルでいいですね。

宮原　魚と米の交換率が一番いい。

アン　着物はあんまり、よくなかった？

宮原　そう。きれいな着物を着て歩けるような事情ではなかったからね。都会の人はみんな百姓に威張られてね。漁村は魚を持っているということで絶対的に強かったね。

アン　今はまったく考えられないことですよね。今なら魚一匹持ってても、「なん

大漁の日のせり直前風景（撮影　丸山登志夫　第11回漁港漁村写真コンクール入選作品より）

MIYAHARA'S KEY WORD 70
人間、生きていくためには、食糧にたずさわる職業を持ってたら大丈夫だということが、わかりましたね。

ぼのもんや?」って感じですけど……米一升と魚との換算率は、どれくらいでしたか? 魚の種類によって、いろいろ違ったでしょうけど。

宮原 一番、豊漁のときに、一冬に一匹一〇キロくらいのブリを漁師が家に二十四本届けてくれたことがある。

アン それは結構すごいですね。

宮原 そう、大漁。それを料理して、農家の人たちを飯に招待する。すると、招待客は、みんな米を一升ずつ持ってくる。

アン 何人くらいの農家を食事に呼ばれたんですか?

宮原 そのブリを全部調理したら五十人くらいは呼べるけど……。

アン まあ! じゃあ米、五十升!!

宮原 いや、いや。実際には、近隣の農家の人を十人くらい呼ぶわけだから。

アン ああ、なるほど……それでも、十升になりますね。あの当時、「白い米を、腹一杯食べたい!」というのは、マジョリティーの日本人の悲願だったと思うのですが、宮原さんは、食べるには困らなかったということですね。

宮原 人間、生きていくためには、食糧にたずさわる職業を持ってたら大丈夫だということが、わかりましたね(笑い)。

アン あの時代に、そのことに気づかれた……。

宮原 ほんと、実感としてわかったね。

アン わたしは、当時の食糧難のことは、本でしか読んだことがないんですが、今の日本とは別世界ですね……学生時代に信州の田舎の農村塾「富夢想野塾」で農村調査をやりながら勉強していたのですが、その塾の特別顧問の自然派作家、C・W・ニコルさんが、いつも言っていた言葉を、今の宮原さんの話を聞いていて思い出しました。「人間は自分で食べる食糧を自分でつくれる人が、一番幸せなん

「闇市場に魚を流すな！」——三重県漁連配給課のころ。

だ」って。カナダの開拓者二代目の父も同じようなことを言ってましたが……。

宮原　まじめな話、戦後まもないあのころは、飢餓充足型といって、飢えをしのぐため、充足するために、食べるものは口に入るものだったらなんでもよかった。感謝して食べた。ところが、ある程度平和になって落ち着いてくると食糧の嗜好が出てきて、おいしいものを選別して食べるようになってきた。わたしは、当時、この〝食の未来像〟を漁師たちに向かって予言していた。「今、都会の人は飢えている。おまえらは、いい気になって威張っているけども、いつどうなるかわからない。ブリも配給で都会の人に食わせなければいかんよ。闇で売ってはいかんぞ」とね。あのころは、闇全盛期でしたからね。わたしは若造のくせに三重県の魚の出荷の全権をひとりで握っていた。配給課長だった。わたしの指令がなかったら、魚を勝手に出荷できないの……その立場にあって、わたしは、あの混乱期に、闇市場を牽制しながらフェアーにやったという自負がある。

アン　その役職って、自分で勝手に名乗ったんですか？　誰が決めたんですか？

宮原　（ちょっと憮然として）県が決めたんだよ。そんなもの、自分の役職を自分で決めることはできないよ。県の制度の枠内で、わたしが担当した。

アン　ということは、国家公務員から地方公務員——県庁のお役人になって故郷に戻られたわけですね。ほんと、わたしって、ニブイ。やっと、理解しました。

宮原　まだ、わかっていない（笑い）。わたしが、東京から国に帰って所属したのは、漁連の配給課。「県の事業を代行してやれ」と言われて、昭和二十（一九四五）年から昭和二十一（一九四六）年にかけて、この仕事をやっていた。

MIYAHARA'S KEY WORD 71

わたしは若造のくせに三重県の魚の出荷の全権をひとりで握っていた。配給課長だった。わたしの指令がなかったら、魚を勝手に出荷できなかった。

三重県潜水組合をつくった。はじめての〃大将〃体験。

MIYAHARA'S KEY WORD 72
三重県潜水組合をつくったのが初仕事だつた。

宮原　このあいだ、「一番はじめにした仕事は、なんだったかな？」と考えていて、そういえば三重県潜水組合をつくったのが初仕事だったたと。その話をしましょう。三重に帰って一週間くらいしたとき、水産業会の専務さんで、まもなく鳥羽市長になった方が、「宮原さん、いつまでこっちにいてくれますか？」って聞くから、「あんたんとこの会長に来てくれと言われて来た以上、勝手に帰るわけにはいかんけども、田舎のほうがよさそうですな」って言った覚えがあります（笑い）。

アン　これが三重県のボスの誕生となった（笑い）。

宮原　当時、潜水夫ってのが、ぎょうさんおった。

アン　当時の潜水夫って何メートルくらい潜れたんですか？

宮原　だいたい機械の性能からいって一八から二〇メートル。潜りのポンプを手で押して空気を送っていた。海女には徒人（かちど）と舟人（ふなど）というのがある。海女は今でも二〇メートルくらい潜るけど、分銅を持って潜ってアワビなんかをとるでしょ。それで亭主にロープを引っぱってあげてもらう。船に乗るの

三重県潜水組合をつくった。はじめての〝大将〟体験。

海女さんの潜りは器械なし（撮影　向井寛　第二回はまべ写真コンテスト特選三席入選作品より）

は夫婦一組。これを舟人と言います。海女は奥さんじゃないとダメなわけ。夫婦ゲンカして潜ると、あげてもらえん（笑い）。徒人というのは船に五、六人の海女を乗せて水深五、六メートルのところまで潜って磯の貝や天草をとる。

アン　だから宮原さんが面倒を見ていた組合の人びとは？

宮原　海女よりもうひとつ上の潜水士です。海女さんは機械なし、潜水士には機械がいる。その親方曰く、「わしらは漁業権を持っている。何十メートルも潜って、魚や貝をとる。でも、戦時中に機械もなにもかも全部軍にとられてしまって、今や潜ることもできない。潜水夫が生きる方法を考えてやってくれないか」。なんでこんなにむずかしいことを頼まれるのかと思いましたが、会長が東京から連れてきた若造を試してやれ、ということでしょう。でも急に言われてもねえ。「どうしよう、待てよ」と熟考の結果、さっそく潜水業者を呼んで、「専務がおれに、あんたらの世話をせいと言われたけど。どんな具合なんだ？」って聞いた。そしたら、「とにかく昔は潜水用の機械を持っていて潜って海草やら貝をとって生活していたけども、今はなにも道具がなくなってもうダメです。だから、まず第一に潜水用の機械が欲しい」ということだった。「ああ、それなら簡単なことや。おれの言うとおりにするか？」って聞いたら、「とにかくおまかせします」と言うから、さっそく三重県潜水組合というのをつくった。組合長、宮原九一や（笑い）。

アン　いい発想。そのときお歳は？

宮原　二十九か三十くらいのときやね。

アン　まだまだ生意気盛り。

宮原　組合をつくって、そのハンコをつくった。

アン　その印鑑には、なんて文字が？

宮原　「三重県潜水組合長之印」。

アン　その印鑑は、まだあるんですか？

宮原　そんなもの、あるわけない。いや、探せばあるかも（笑い）。とにかく、そのハンコを白紙に押して持って歩いた。横須賀の海軍鎮守府のあとをはじめ、戦争中の海軍基地をあっちこっち訪ね歩いた。海軍が徴用して使わずにほってあった潜水用の機械のことが、パッと頭にひらめいたんだ。行く先ざきで、こうこうこういう事情なんだが、「みなさんのところに潜水具が残っていないか？」ってたずねた。「余ってるぜ」という答えが返ってきたところでは、「払いさげ申請」ってのを、持ち歩いていた組合のハンコが押してある白紙にその場で書いて相手に渡して、潜水具を払いさげてもらって、全部、三重県に送った。これは本当の話。

アン　それはすごい。で、何人分の道具が集まったんですか？

宮原　二十何人全員の組合員に潜水用の機械を一式――ポンプからなにから全部あてがうことができた。一式。全部、無償。

アン　えっ!?　タダ！（笑い）。

宮原　なんで、そうなったかというと、日本人が権威に弱いところを突いた。潜水組合というのは、わしが勝手につくっただけで、法人でもなんでもないんだけどね（笑い）。みんな戦争ボケで、どんな組合か質問なし。要するに、徴用で集めたやっかいもの物資になってたから。その機械が全国から集まって、潜水夫みんなに渡したら、「魚をとるだけじゃつまらん。戦争でたくさんの船が沈んでるから、あれを引きあげたい」って連中が言い出したんだ。

アン　宝探し（笑い）。タイタニックの船内を探したりするほど大規模ではないにしても、日本でも今流行りじゃないです

MIYAHARA'S KEY WORD 73
日本人が権威に弱いところを突いた。潜水組合というのは、わしが勝手につくっただけで、法人でもなんでもなかった。

MIYAHARA'S KEY WORD 74
海軍が徴用して使わずにほってあった潜水具を払いさげてもらった。

MIYAHARA'S KEY WORD 75

戦争が終わったあと、軍にはいっぱい資材のストックがあった。どこのツボを押したら、なにがあるかってのを、わたしは思いついただけ。

か、沈没船の宝探しをしたりするの。その元祖ですね。

宮原　このサルベージの仕事をやる人が増えて、三重県で一番大きい海工事関係の会社なんかは、ここから出発して発展していった。

アン　宮原さんがいらっしゃらなかったら、そういう会社の今日の発展は、なかったんでしょうね（笑い）。

宮原　大変な勢力を持っていた一社は、バブルでつぶれたけどね。

アン　話はちょっと戻りますが、さあ、道具がそろった。そこで……。

宮原　……南方へ行かせて沈没船を引き揚げさせたの。沈没船の中には、さまざまな貴重な資材を積んでるでしょ。そういうのを引きあげた。魚をとってるのはつまらんと（笑い）。

アン　宮原さんのおえらいところは、それを自分の儲け仕事にされなかったところだと、わたしは思っています。いつも困った人の視点で行動されたから、宮原さんは成功されたんでしょうね。

宮原　（ちょっと照れて）それはとにかく、戦争が終わったあと、軍にはいっぱい資材のストックがあった。なにせ、船を持って帰ってきた子もおるくらいやから（笑い）。どこのツボを押したら、なにがあるかってのを、わたしは思いついただけ。

アン　戦後の混乱期に、多くの旧軍人がどさくさにまぎれて、それらの資材を持ち帰ったって話はよく聞きますが、宮原さんは、それを私物化されなかったところがえらい（とひとり、うなずく）。

宮原　それでうまくいったもんだから、潜水の連中が欲を出した。「機械はもらったけど暖房用の資材もないか？」と言ってきた。「そういう配給資材は、漁連の正規ルートを通さなければダメ。資材課で割り当ての切符でとり扱うから、おれのところに言ってきてもダメだ」って答えた。でも頼まれると、わたしはアホやから（笑い）、なんでもやってやりたくなる質《たち》。とにかく、水産はそういうルートが確立しているから、農林省系統はダメだと思って、当時商工局だったかもしれませんが、名古屋通産局へ行った。「配給してもどうにもならん半端物がようけ出るやろう。それらの〝残飯整理〟をするから知恵を貸してくれや」と前置きしたあと、実はかくかくしかじかなんだが、「立派な商品になるようなものではなくても、潜水夫が暖をとれるようなものが、なにかかないかな？」とたずねたら、「よし、わかった」って、ここでも、また判を押して……（笑い）。いただいてきたやつを、ずっと並べて連中にくばった。そしたら、田中真紀子さんが外務大臣をやっているときのような記事にはならなかったが、「三重県水産業会は伏魔殿」っていう話が広がった。「資材を横流しして、職員がもうけとる」と噂になった。正規にそういう仕事にたずさわっている人が何人も警察にとり調べられた。わたしはさっき話したような勝手なことをしていたのにとり調べの対象外。事情聴取されている係の人が、かわいそうだから警察へ事情説明に行く側にまわった。

アン　それで、うまく収まったんですね。

宮原　お金をとったりするようなことを一切していなかったからね……あれやこれやで、三年くらいで組合長の任務終了。潜水組合も、みんな自立できるようになってお払い箱。これがはじめて〝大将〟になった経験。

アン　二十九歳から三十二歳までが、はじめての〝大将〟体験ってことですね……今の話、おもしろかった。わたしは、「若いころに人生の基礎はつくられる」と思っています。若いころの活動が、その

MIYAHARA'S KEY WORD 76

三年くらいで組合長の任務終了。潜水組合も、みんな自立できるようになってお払い箱。これがはじめて〝大将〟になった経験。

三重県潜水組合をつくった。はじめての〝大将〟体験。

MIYAHARA'S KEY WORD 77
人からものを頼まれるとどんなにむずかしいことでもついつい引き受けてしまって、なんとかならぬかと走りまわってしまう。

後の人生にえんえんと響くんですよね。だから今のカッコいい宮原さんは、どうやってできたのかを知りたいために、いろいろと若いころのことを、根掘り葉掘り聞いているんですが……。

宮原　あなたが、ほんとにカッコいいと思ってるかどうか……（笑い）。

アン　いえいえ、わたしは、ほんとにカッコいいと思います。だって、宮原さんが部屋に入っていらっしゃったときの存在感は、こう、なんというか、〝引っぱるような存在感〟というか、人を引きつけるものを持っていらっしゃる。こう言っては失礼かもしれませんが、それに、あまりお年を感じさせない。こういう雰囲気を漂わせる方の若いころは、どんなふうだったのか、ひとりの人間として、とっても興味があるんです。

宮原　わたしは人によく言われるんです。「宮原さん、あんたは、まあまあ頭はいいけど、賢くないね！」って（笑い）。

アン　どうして、賢くない？

宮原　だって、人からものを頼まれるとどんなにむずかしいことでもついつい引き受けてしまって、なんとかならぬかと走りまわってしまう（笑い）。

アン　素晴らしいことではないですか。

宮原　そんなわたしを見ていて、「人の良いのもバカのうち」というが、まさに宮原さんは、そのとおりだと注意してくれるんですよ。

アン　なるほど！（笑い）でも宮原さんにめぐり会えた人は本当に幸せですね。

宮原　ハッハッハ（と照れ笑い）。

アン　それにしても、敗戦後の混乱期に、打つ手もなく、なにもできないでいる潜水夫の漁師たちの要請を受けて、パッとアイデアを出して、即、行動に移して、二十何人と彼らの家族の助けになったという話は感動的ですね。

少年時代に漁師の代弁者になろうと心に決めた。

宮原　潜水組合のことを話していて思い出したんだが、子どもの時分に、紀伊長島漁業組合というのがあった。沿岸の人たちが魚をとってきて市場に並べて、入札で値段を決めて売っていた。わたしが六つのときに親父が亡くなった話は前にしたけども、そのあとわが家に乗り込んできたおじさんが、とってきた魚が少ないときは、姉とふたりで組合の中で入札をじっと見とった。仲買人が帳面持って、長靴で魚を裏返したりする光景をね。

アン　えっ？　とってきた魚を蹴る？

宮原　そう。持ってきて並べた魚の鮮度がいいかどうかを調べるためだと思うが蹴飛ばすというか、長靴のつま先で魚をひっくり返すわけ。そして、一円とか五円とか札を入れていく。それを見とって子ども心に思ったのが、「魚には裏表がある」ということ。というのは、沖で釣って船に並べて魚を持って帰ってくる。魚の表面が乾燥しているから、裏返しにして市場に並べると見た目には鮮度がいい。「おお、魚には裏表があるなあ」という発見。よく見ていると、漁獲量が少ないときは、漁師は少量の魚を並べるときに、とくに鮮度をよく見せようとする。

MIYAHARA'S KEY WORD 78

「おれは将来、漁師のために働こう」と。これは子どものときの決心や。

そしたら、それを仲買人が無情にポンっと蹴って（笑い）……裏返してしまう。

アン　仲買人が見抜くのを、さらに宮原少年が見抜いた（笑い）。

宮原　そのとき、つくづく思った。「これでは漁師がかわいそうだ。どんなわけがあるにしても、一所懸命にとってきた魚をそんな邪険に扱うことはないだろう。おれは将来、漁師のために働こう。そういう一生を送ろう」と。これは子どものときの決心や……あんたがカッコいいと言うから、ついつい調子に乗って言ってしまった（笑い）。

アン　（感心したように）いやあ、宮原さんは、なにを語ってもカッコいいんだから（笑い）。そういうことが、根底にあったわけですよね。少年時代の熱い想い……それにしても、宮原さんのすごい記憶力、すばらしい。

宮原　わたしが少年時代に漁師の代弁者になると決心したことは、事実。

アン　十三歳で志摩水産高校へ行かれて、ひとりで歩き始めたあと、函館高等水産学校時代には、世界の海へ乗り出し、軍隊体験もなさったあと、二十九歳から三十二歳までの初のオーガナイザー時代に辣腕をふるわれた。「パイオニア・ワークというのは、成功したら長くつづけないで、いったん、立ち止まって見直す」というのが、鉄則だとわたしは思っているのですが、そのセオリーどおりの行動を宮原さんは、とっておられる。

宮原　いや、そこまで美化したらいかんね。それはちょっと言いすぎ。

沿岸回帰——わたしのバック・ボーン。

MIYAHARA'S KEY WORD 79

「日本の沿岸というものをベースに置いて、沿岸の荒廃をちょっとでも防ぐ」ということを自分の基本的な考えにして仕事をしてきたと思う。

宮原　「水産の仕事に入って、宮原さん、なにを自分のバック・ボーンにしてやってきたのか？」とあんたに聞かれたら、なんて答えようかなと考えてみたわけ。

アン　（笑いながら）それ、いい質問ですね——それで行きましょう。

宮原　そのことを、三重から東京の対談現場に来る新幹線の中で考えているうちに眠ってしまったの。

アン　それは一番いい答えですね（笑い）——では、ちょっと質問をやわらかくしましょう。水産の世界で働くようになられたきっかけは？

宮原　今話したように、「とにかく子どものときから」としか答えようがない。若いころから外国へ出かけ世界中まわったりしたけど、やっぱり、「日本の沿岸というものをベースに置いて、沿岸の荒廃をちょっとでも防ぐ」ということを自分の基本的な考えにして仕事をしてきたと思う。よくよく考えてみれば。

アン　しかし、昔の日本人——たとえば高度成長のころからバブル時代にかけて、「いけいけどんどん」が主流だった日本でそんな考えを持った日本人なんて、まわりにいたんですか？

宮原　そんな人はようけいたよ。おおざっぱにいうと、わたしは高度成長になる前、昭和三十六（一九六一）年に三重県漁連の常務になって昭和四十四（一九六九）年に会長になったが、基本的には昭和二十（一九四五）年に三重に帰ってから、ずっと独断専行でやってきたわけ。

アン 肩書きはあんまり宮原さんの人生には関係がなかったということですね。

宮原 独断専行でやれたのは、やっぱり、いろいろな人に支えられていたからですよ。「おい、おまえやれ」って黙って見てくれていた人がおったからできた。それでなければ、勝手なことはできなかった。東京でのあらゆる会議には、全部わたしが会長代行で出席したわけやから。

アン 中央とのパイプが、ずいぶんおありになったということですよね。

宮原 今もやめさせてもらえないところもありますねえ（笑い）。

MIYAHARA'S KEYWORD 80

独断専行でやれたのは、やっぱり、いろいろな人に支えられていたからですよ。「おい、おまえやれ」って黙って見てくれていた人がおったからできた。それでなければ、勝手なことはできなかった。

十三号台風、伊勢湾台風、チリ地震津波――三重県沿岸受難のとき。

アン　三重に戻られたお若いころ、十三号台風、伊勢湾台風、チリ地震津波とか、三重県沿岸がむちゃくちゃにやられる災害が連続してます。そのへんのお話を。

宮原　伊勢湾台風も大変でしたが、昭和二十八（一九五三）年の台風十三号のときは、まいった。わたしはその年の半年前にささやかな家を建てて、新居をかまえたのが、九月二十六日。そういえば、奇しくも伊勢湾台風も昭和三十四（一九五九）年九月二十六日だったなあ……それはとにかく、昭和二十八（一九五三）年の台風十三号のときのほうが三重海岸の直接被害はひどかったんです。というのは直撃した台風が伊勢湾にまともにぶつかって、長い沿岸線の防潮壁を全部つぶした。津波のような高潮が海岸線を襲った。津市（三重県県庁所在地）の中心に三重会館というのがあるんですが、このへんまで浸かった。わたしのところは海岸よりやけど、ちょっと高かったんだけど、ちょうど家に帰って、懐中電灯で見ていたら、新築の家にだんだんと水があがってきて、泣けてきたねえ。

アン　その新築の家はいくらかかったんですか？

十三号台風、伊勢湾台風、チリ地震津波——三重県沿岸受難のとき。

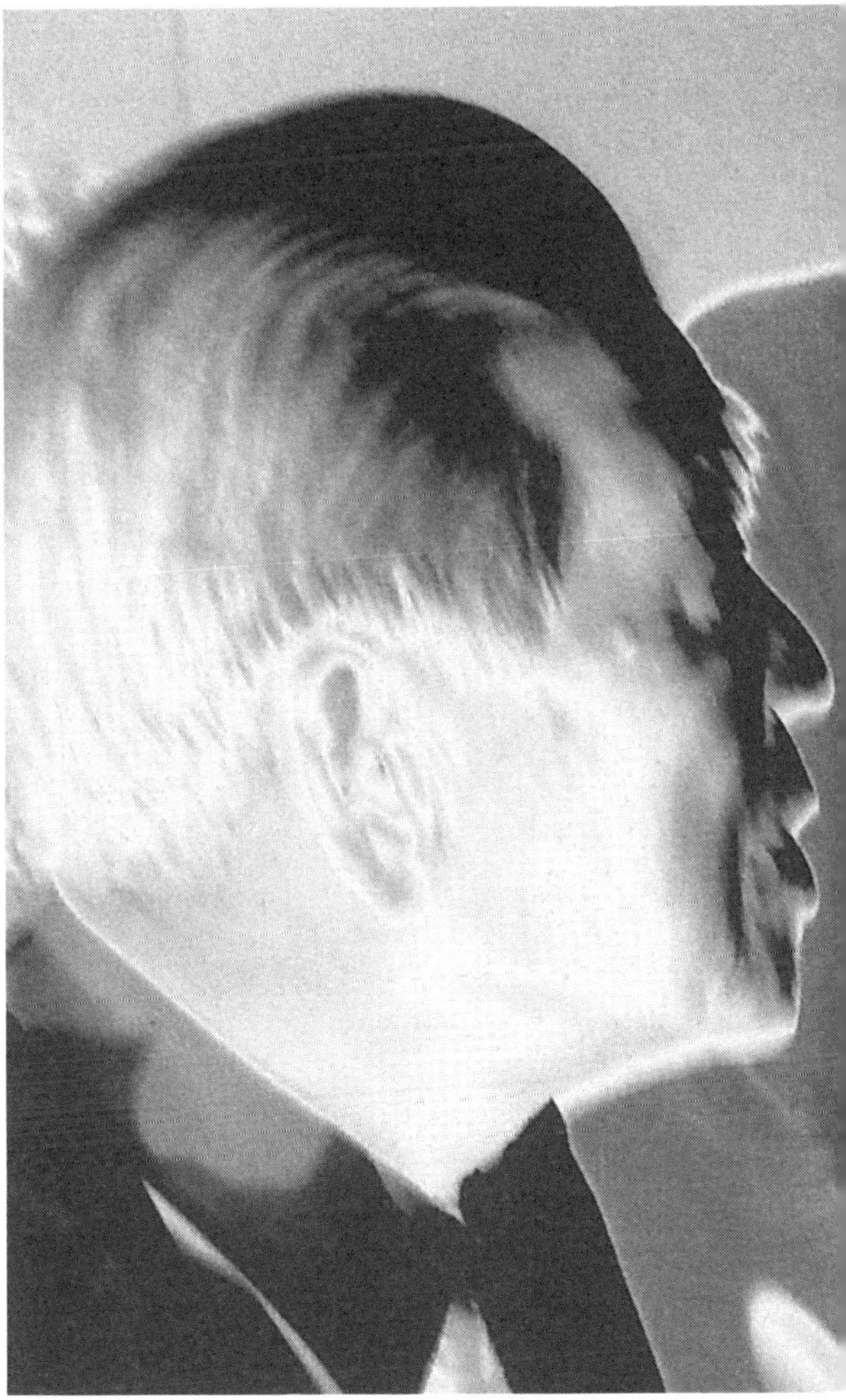

宮原　昭和二十八（一九五三）年だから、五十万円くらい。金融公庫で借りた額が三十何万円。借りたばっかりだった。

アン　その家は今もあるんですか？

宮原　もうない。お医者さんに売ってしまった。一番繁華街の中心でいいところだったんだが……水が入ってきたんで、水産会館に、「えらいことやから助けに来い」って電話した。それでも待てど暮らせど助けは来ん。来ないはずだ。片浜町ってところにあったわたしの家に来るためには、国道を通って来なければならないんだけど、救援にかけつけてくれた連中は、途中の曲がり角で首まで浸かって動きがとれなくっていた。わたしの家は海岸よりではあったが、高いところにあったから床下浸水ぎりぎりで水が止まったの。あのときは、「人生おしまいや」と思ったね。つくったばっかりの家が水浸しになるし助けに来ようとした者は、途中で〝半遭難状態〟になるし。近所の人が、「宮原さん、もう避難せんと危ない」って言うし。そのことを言いに来た人が、家の前の溝にはまっちゃったりして、もう、てんやわんや（笑い）。これは、二十六日の夜の話。隣の家はちょっと低い位置に建っていた。荷物を机の上にあげたら、水がずっと来てひっくりかえってしまった……テーブルの上などの高いところに荷物をあげたら、ひっくりかえったの。こっちは、「もう、どうにでもなれ」とあきらめて、腕組んで、そういう光景を見ていた。その後、各地の水害のテレビを見て思うのは、水害地の水を〝水〟という感じで見たらいかんということ。トイレの水とか汚水も全部一緒に流れてくることを頭に入れとかないとダメ。たまってる〝水〟が全部流れてくるんだから。そういうことを十三号台風のときに、自分で経験しているから、「ああ、掃除があとで大変だなあ。気の毒に」と思って水害のニュースを見ているけどね。水洗式のところでも浄化槽の水が全部流れてくるからね。「自分のところは、水洗で流してるからいいわ」と思ったらおお間違い。

アン　下水道があがってくるということですよね。わたしたちは流せばもう終わり、なくなると思ってますけどね、それは間違いですね。

宮原　昭和三十九（一九六四）年にパリの下水道を見たときに、「やっぱり日本はダメだなあ」とつくづく思いましたね。立派なものでしたよ。

MIYAHARA'S KEY WORD 81

昭和三十九（一九六四）年にパリの下水道を見たときに、「やっぱり日本はダメだなあ」とつくづく思いましたね。立派なものでしたよ。

MIYAHARA'S KEY WORD 82
昭和三十六(一九六一)年に四十三歳で漁連の常務になって、その二年後に県議の選挙に出て負けた。

県議会議員選挙敗北。

アン さて、昭和三十六(一九六一)年に四十三歳で漁連の常務になられて……。

宮原 ……その二年後に県議の選挙に出て負けたんです(笑い)。

アン どういう気持ちでしたか、落選は?

宮原 選挙に立候補したときの推薦は、元農林次官で全漁連会長の片柳さん。それから農林省元局長の井出さんとか元水産庁長官の岡井さんとか、そういう人たちが応援してくれた。

アン まあ、立派な推薦者!

宮原 推薦状に名前は連ねていただきましたけど、選挙期間中に来ていただけたのは片柳さんだけでしたがね……対抗馬の候補には、現職の大臣が五人、応援に来たんやね。

アン 候補者は何人だったんですか?

宮原 町対村のふたりのケンカになって、三百六十票差で負けたんです。

アン じゃあ激戦ですね。

宮原 激戦、激戦、大変な激戦。

アン 票数は何万票で争われたんですか?

宮原 双方一万票ずつ。

アン それで三百票差っていうのはすごいですね。

宮原 とにかく十三歳のときから故郷を出て、ずっと外にいたでしょ。県漁連に

県会議員選出陣式の光景

入ったとはいっても、家にはたまにしか帰れませんわね。それでも地元の選挙に出た。「みなさんの代弁者になってやらんと、とてもまともな生活はできん。ここはひとつ、おれが犠牲になって漁村の連中の代弁を買って出よう」と。そういうことで立候補したわけなんですが。向こうは山持ちで、こっちは漁師。

アン　海対山のケンカ!?

宮原　で、海が負けた。両町のちょうど境にバリケードを築いて、探照灯をつけて選挙応援に進入してくる者を防ぐような、そんな選挙やったの。

アン　激しい選挙ですね。

県議会議員選挙敗北。

宮原　で、こちらは、〝敵〟が陸から来るならばと、小さな漁船に乗って敵前上陸。

アン　すごい！

宮原　で、向こうはバスを使って、バスの電気を消して空車に見せかけて、下に伏せて、こちらの地盤に夜中に入ってくる。そんな票のとりあいのケンカをしてね。

アン　まるでドラマみたいですね。

宮原　それから婦人部は、みんな白いエプロンにたすきをかけて、「公明選挙」って書いて門番してる（笑い）。

アン　日本の田舎の選挙のすさまじさは、わたしは衆議院議員選挙、市長選挙、市会議員選挙などを日本学研究のために、選挙期間中現地で候補者に密着してフィールド・ワークをしたことがありますので、一般のガイジンよりかは、よく知っているつもりですが、今のお話ほど激しい選挙の話を聞いたのは、はじめてです。

宮原　それでもやられたんですからね。わが町のほうが四、五百票多いんですわ、有権者が。だからどう計算しても負けるわけがないと思っていたんです。しかし向こうにも漁協がありますし、相当シンパがおるし、三重県中の漁協が交替に運動に来てくれたですけど、向こうに全部抱えこまれてしまった。手に名前を書いて確認させるような不在投票をやらせて、とにかく、やられてしまった。

アン　相手の当選した人のお名前は？

宮原　野中林兵衛。名前にも「林」がついているが、山持ちの人。「宮原を相手に、これは大変だ」と、山ひとつ売って選挙に備えたんです。「ここで宮原をつぶしておけば、この後に選挙なし」と読んだ。そのとおり、その後、ごく最近まで二十五年くらい無投票。彼が県会議長

MIYAHARA'S KEY WORD 83
激しい選挙やったんだが、それに敗れてからあとはもっと楽しいことに専念しようと。

になるまでは、わがほうからは誰も選挙に出なかった。

アン わあ。すごい。すごく、日本的！

宮原 それほど激しい選挙やったんだが、それに敗れてからあとはもっと楽しいことに専念しようと（笑い）。あのとき、向こうは二期目だった。二期目っていうのは絶対に強いんです。

アン 現職二期目っていうのは強いって、多くの日本人が言いますね。

宮原 で、こちらは全然名前の知られていない宮原。だけど、「九一」でも「九」でもいいと登録して、このときばかりは、親のありがたさを思ったりしました。近所の人しか知らないのに、ぽっと選挙に出たわけだから。忘れもしない。昭和三十九（一九六四）年四月の選挙やった。

アン で、相手の野中さんは山を売って出ましたけど、宮原さんの損は？

宮原 なんにもないよ（笑い）。

アン 浜を売って出たとか（笑い）。

宮原 財産もなにもないし……いや、でも、あのとき、漁協はいろいろとやってくれましたよ。こちらは黙って演説するだけ。

アン なかなかおもしろいですね。それに二十五年くらい立候補者がなかったというのが、ほんと、日本らしい。いい話を聞かせていただきました。

宮原 漁村の運動、いわゆる協同組合運動の原則の中に「政治的中立」というのがあるんです。でも、日本の場合、昔から自民党とか、そういう組織を政治的に使って、問題解決の努力をしないと、漁業は浮かばれない、予算もとれない、そういう風潮がずっとつづいているわけです。だけども、世界の協同組合の運動では、「政治は中立」ということになってるわけ。それをあえて踏み切ってやったんですが。やっぱりダメだった。

MIYAHARA'S KEY WORD 84
これからは環境問題が重要になってくるのは、わかりきっていましたから。水産を考えるには、まず川から直さないといけない。

環境問題を勉強に欧州へ。

宮原 熾烈な県会議員選挙を戦ったあと、昭和三十九（一九六四）年に、外国へ勉強に行きました。自分として方向転換を図る意味もあって、水産庁と相談して決めました。これからは環境問題が重要になってくるのは、わかりきっていましたから。水産を考えるには、まず川から直さないといけない。身近な問題では、隅田川の水をきれいにする必要がありました。それで、昭和三十九（一九六四）年十一月に一か月間ヨーロッパの十一か国をまわって、世界の国ぐにが、水の汚染問題についてどんな手を打っているのかということを調査しました。役所からひとり、愛知県からひとり、全国のノリをやっていた専務さん、あわせて四人で一か月まわったんです。ただし、当時外貨の持ち出しは五百ドルまで。

アン でも、当時の五百ドルは、すごいですよね。一ドル、三百六十円の時代ですから。

宮原 そう。当時の相場は、ロンドンあたりで一泊十ドル。通訳を頼むと一日十ドル。勉強に行くところだけは通訳を雇って、あとは自力でやってました。

アン 宮原流で？ 宮原さんは、ロシア語がおできになるし……。一番はじめはどこへ？

宮原 最初はコペンハーゲン。それからスウェーデンに三日滞在しました。スウ

昭和39年欧州調査に出かけた（下から2人目がわたし）

ェーデンは、水に対して大変な努力をしている国。ストックホルムから一時間くらい汽車に乗ると、ウプサラっていう町があるんですが……。

アン　……わたしは子どものころにそこに住んでいたんです。

宮原　あ、そう!?　それはまた偶然だね。で、そこにあるウプサラ大学の先生にいろいろと話を聞きました。北欧の人は湖水の問題に大変関心を持っていましたね。その大学は、ハマーショルドさんという国連事務総長が出たところでね。

アン　実はわたしが子どものころに、父がウプサラ大学で研究していたんです。

宮原　へえ、そうですか。

アン　それで小学校のころ、そのあたりに住んでたんです。ほんと懐かしい。

宮原　そのあと、ドイツ、フランス、イタリア、イギリス、デンマーク、それからウィーンへ。最後、ギリシャとトルコ

イタリアの市場にて

コペンハーゲン（デンマーク）の漁港にて

は観光になってましたけど。

アン　ハッハッハ（とアン、喜ぶ）。

宮原　一番びっくりしたのはドイツです。ミュンヘン大学で聞いた話が新鮮でした。ドイツでは水は北へ流れるんですな。日本では水は南に流れるでしょ。でもヨーロッパはアルプスに端を発して、十か国くらいの平野を北へ北へと流れて、バルト海とかに流れ着く。ハンブルグあたりでは、コーヒーよりも濃い色の水が流れているんです。

アン　ヨーロッパの国をまたいで流れる大河の公害問題は深刻ですね。

宮原　それじゃ下流の国はたまらないから、上流の国に対して大変な注文をつける。ミュンヘン大学のリープマンという教授がいろいろと教えてくれたんですが、彼は「ここでは大学は行政機関だ」と。「水の問題は大学がオーケーしないと政策を実行できない」と言ってました。

アン　それはおもしろい考えですね。

宮原　ヨーロッパ各国は、川の水九割、地下水一割を飲料水にしている。要するに、川のまわりに工場が建ち並んでいて、その工場排水を処理しては川へ流す。そして下流の国が、その川の水を飲む。地下水と混ぜて飲んでいるということですから。

アン　そんな水、あまり飲みたいとは思いませんね。

宮原　たとえば、川の水を冷却水として利用するために一リットルの水をとると、ドイツの通貨単位で一ペニッヒを支払わないといかん。排水の際には一リットルで三ペニッヒ払わないといかん。だから、垂れ流しで全部流すというと大変なことになるんです。三倍の経費がかかるわけだから。だからどの国もどの企業も、排水に対してはあらゆる技術をとり入れて、再利用することで、排水の量を

MIYAHARA'S KEY WORD 85
世界中で行ってないのは
ケープタウンだけ。

減らすようにしています。取水よりも排水の量を減らすということに大変な努力をしているわけです。

アン　地勢的にも切迫した問題だからこそ、そうした動きが進んでいるんですね。

宮原　さっき、ちょっと話した大河の話も印象的でした。大河は大陸を流れているうちに水は汚れて、河口付近になるとコーヒーのような水になると。それを聞いて、「川の浄化というのは、よほど真剣に考えないといかん」と、しみじみ思った。われわれは短絡的に、「海の水をきれいにせないかん」と、それまで思っていたけど、それじゃあダメだと。そこでわたしが三重県漁連の会長になったときの最初のスローガンは、県下各地にモニュメントみたいに看板をつくって、「川と海を美しくしよう！」と漁連が全部張り出したんです。

アン　それは何年のことですか？

宮原　県漁連会長になったのが四十四歳。さっき、ちょっと話した年やから、そのときのこと。

アン　欧州視察のお話をうかがった機会に、今話題にあがっている海外ということにこだわって、ちょっと素朴な質問をしたいんですが……宮原さんは、学生時代から、漁連会長時代も含めて、今日まで、世界中のあちこちをまわられたわけですが、行ってらっしゃらないところ、ありますか？

宮原　世界中で行ってないのは、ケープタウンだけ。もっとも〝面〟ではなく、〝点〟ですがね。

アン　やっぱり。すごいですね。わたしも、宮原さんの歳になったら、そんなふうに言えるような人生を送りたいです。

宮原　ケープタウンに行く予定で、飛行機の切符は買っていたのですが、アパルトヘイト問題がうるさいころだったのと、折悪くニッスイの交替の船員が乗った飛行機が墜落するという、ふたつのことが重なって、「ちょっと会長、待ってくれ」って止められて。当時ケープタウンにも日本の漁船が相当入ってましたからね。それに全漁連が石油を供給したりしているし。それから漁区のこともあったりしてね。どうしても行かないかん用事があったんやけど、行けなくなったんですね、ケープタウンだけは。

アン　わたしはケープタウンだけは行きました。ほかは、あまり行ってないんですけど（笑い）。あそこに行ったときに、海外にいる日本人の漁師の顔ってカッコいいんだなって思いましたね。普通の一般の日本人観光客とは目つきからしてまったく違うんです。同じ日本人だとは思えないくらい。観光客はなんかボーっとしていておのぼりさんふうだけど、漁師は飛行機に乗ってるときも空港におりても、その顔つきが険しくて厳しい。闘争動物そのものって感じ。いい意味で野性の匂いが、そこはかとなく、こちらに伝わってくる……あっ、すみません。「承の章」の最後に話題をそらせてしまって……話を元に戻しましょう。

アンは特製の小型キャンピング・カーで全国の漁村をまわっている（冬の北海道にて）

「転」の章

三重県漁連会長就任。初仕事は「川と海を美しくしよう!」

MIYAHARA'S KEY WORD 86
川から流れてくるものも海の汚染の元凶。

アン　宮原さんが三重県漁連の会長になられたのが昭和四十四（一九六九）年ですね。まずとり組まれたのが……。

宮原　とにかく、「川と海を美しくしよう」と。それが県漁連会長としてのわたしの初仕事だ、という決心やったね。

アン　ほんと、パイオニア・ワーカーですね。今やっと少数派がものを言えるような時代になってきているけど、当時それを言ったらバカにされるというか、「なにを言ってるんだ」と言う人が多かったでしょうね。

宮原　それはそうですね。漁連という海の人間としては、「川の水なんて関係ない!」とね。しかし、川から流れてくるものも海の汚染の元凶や。

アン　もちろん。

宮原　会長になったから急にそんなことを思いついたわけじゃない。戦前から三重県では県単位で漁連が組織されとったわけですが、昭和二十四（一九四九）年に新しく「水産業協同組合法」というのができて、これに基づいて漁協は「十五人以上の組合員がいたら誰でも組合をつくれる」というようになりました。だから好きにやれる。

MIYAHARA'S KEY WORD 87
伊勢湾沿岸の全漁協に檄を飛ばして、すべての組合からトラック一台ずつ出させました。代表を五人乗せてハチマキ締めて、全工場にデモをかけた。

アン　条件さえ満たせば、どこでも誰でも漁連がつくれる、と？

宮原　そう。だから、それまで漁連があまり面倒を見なかったところは、反旗を翻して自分らで漁連をつくろうという流れになった。

アン　面倒を見なかったところと言いますと？

宮原　県南のほうが漁業の本場だったから、戦前からずっとそちらに漁連は力を入れていたようです。伊勢湾の北半分のほうは、かなりないがしろになっていた。だからそこが独自で「伊勢湾漁連」っていう別の漁連をつくったわけですわ。それも同じ古い水産会館の中で同居してね（笑い）。

アン　それは傑作！（笑い）

宮原　そのころは、ちょうど高度経済成長が重なって、四日市から鈴鹿あたりに企業がどんどん進出してきていました。愛知県も含めた広い範囲で、あっという間に企業が沿岸に張りついたんです。

アン　当然、問題が出てきますよね。

宮原　そのときはとにかく排水が垂れ流し状態だった。これは、漁業に携わる者自身が力をあわせてなんとかせんとえらいことになる。それで昭和三十六（一九六一）年、わたしが漁連の常務になったときに、県漁連の再建をめざして、ふたつの漁連をまず合併したんです。「伊勢湾漁連」も左前になって、経営がむずかしくなってきていたからね。合併以後は、伊勢湾のほうも、ちゃんとものが言えるような仕組みにしました。こんなふうに背景を整備したあとで、伊勢湾沿岸の全漁協に檄を飛ばして、すべての組合からトラック一台ずつ出させました。代表を五人乗せてハチマキ締めて、全工場にデモをかけたの。

アン　昭和三十六（一九六一）年に公害

MIYAHARA'S KEY WORD 88

ぼくはハチマキ締めて大将として、それぞれのデモ先をまわっていました。

を出す工場でデモですか!

宮原　「三重県漁場を守る会」っていうのをつくってね。朝日新聞のコラムに載ったなあ。探さないかんな、あのコラム……それで、そのデモ隊は各工場に入っていくわけです。われわれの要求を聞かない場合には、「勝手に排水溝から水をとる。みんなで手分けしてとって、それを公共機関で分析にかけて成分を発表するよ」と迫る。「どこどこの工場の排水はこんな成分のものを流しておる」とね。そういう合理的な運動をしないと、「補償金よこせ!」とかやっても話にならんから。

それで、ぼくはハチマキ締めて大将として、それぞれのデモ先をまわっていました。

アン　日本ではじめてじゃないですか、そういうことを実際にやったのは?

宮原　ええ、はじめてですよ。そしたら各工場が震えあがって、「わたしどものところは、きっちりしてる」というわけ。その後、「いつでも無断で排水をとってください」というところが、どんどん増えてきた。

アン　効果てきめん。

宮原　それから、ほかの県漁連にはない

MIYAHARA'S KEY WORD 89

ほかの県漁連にはない「公害対策課」をつくった。

「公害対策課」というのをひとつ別につくった。そういうことを十年くらいつづけた。職員が無作為に疑わしい水を汲んで分析にかけて。かわいそうやから公表はしなかったけど、「おまえのところはこんなんやぞ」と相手に示す資料にした。

アン　三重県でそうした動きがスタートして、ほかのところでもやるようになったとか？

宮原　あの当時、まだ、そんなことをやったところはないね。

アン　じゃあ自分のところだけで十年間も……本当のパイオニア・ワークですね。

わたしの周辺には、人が誰も考えていないような早い時期に、孤独なパイオニア・ワークに挑む人が、結構いまして、日本のような体制順応型社会の中で、みんなと違う角度に視点をあてて〝ものごとを前に進める〟ことが、どれほど大変であるか身近に見てきておりますので、宮原さんが当時おやりになったことが、どれほど大変だったか、わかるような気がします。

宮原　いいえ、半分楽しんだと言えば、なんですが、あまり苦にならなかったんですよ。

大気だけでなく海の汚染も！——公害問題。

宮原　愛知県の関係者に、「おまえのところのほうが汚染の元凶や」と申し入れた。名古屋のある愛知県のほうが伊勢湾を汚す元凶なのに。「名古屋から勝手に排水を垂れ流したうえに、三重県の企業だけ、そないに厳しくやられたらかなわん」ゆうのが、三重県へ立地している企業の本音や。愛知側の排水が流れてくるから、三重県だけ頑張っても伊勢湾の海はきれいにならん。「愛知県漁連も、もうちょっとしっかりやれ！」と言った。

アン　でもやらなかったんですか？

宮原　なかなかね。県漁連には三十人くらいしか人間がおらんのやね。事業もあまり活発にやってないし。当時、愛知漁連は海苔だけをやってたから。とにかく工場からの排水で伊勢湾の水がどんどんと汚れて、四日市に「臭い魚」というのが出たんやね。昭和三十六（一九六一）年のいわゆる異臭魚事件。ボラとかを出荷すると「油くさい」と全部市場からつっかえされた。

アン　はあ、事態はそこまでいっていたんですか。知りませんでした。

宮原　そのために県はいろいろと補償を出したんですけどね。伊勢湾の北のほう

MIYAHARA'S KEY WORD 90
三重県だけ頑張っても伊勢湾の海はきれいにならん。「愛知県漁連も、もうちょっとしっかりやれ！」と言った。

は「死の海や」と言われたくらい汚れていた。ひどいときは津市のあたりまで風に乗ってくさい臭いが漂ってきていた。

アン　公害問題では、有名な「四日市ぜんそく」ってのがありましたよね。

宮原　四日市は大気のほうばっかりが注目されていた。「四日市ぜんそく」の原因になった工場の排気による空気汚染は大問題だったけど、「それだけじゃなくて海のほうも、もっと調査しろ！」ってわたしらは言っていた。

アン　またしても、当時としては少数派意見。理解した人、いましたか？

宮原　海の問題に関しては、四日市の保安部の課長さんが頑張ってくれたんです。のちに東京都の公害の部長になっていった田尻さんという方だったんですけどね。その時分から、川や海をとり巻く状況もだんだんよくなっていった。一方で、ほかの地域でも問題続発。今度は千葉の江戸川河口の汚水問題が騒ぎ出されたんです。富士市の製紙工場からの汚水で桜エビが大被害を受けたこともありました。そこではじめて全漁連がこうした問題をとりあげて、公害反対の全国漁民大会ってのを開いたんです。

アン　あれはたしか、昭和四十五（一九七〇）年ごろでしたね？

宮原　そう。昭和四十五（一九七〇）年に「公害国会」と言われた国会があった。ここで空気汚染、水質汚濁などの環境問題に関する法律がたくさんできた。

アン　三重県でとり組み始めてから十年後くらいですね。

宮原　そう、ようやく。そのころの自民党の幹事長が全漁連の大会にやってきて「幹事長がきたんだからちゃんとやる」と大見栄切って言った。

アン　ちゃんとしましたか？

宮原　いやあ、ダメやったね（笑い）。

MIYAHARA'S KEY WORD 91

富士市の製紙工場からの汚水で桜エビが大被害を受けて、はじめて全漁連がこうした問題をとりあげて、公害反対の全国漁民大会ってのを開いたんです。

MIYAHARA'S KEY WORD 92

昭和四十五（一九七〇）年に「公害国会」と言われた国会があり、はじめて空気汚染などの環境問題に関する法律ができた。

闘争の果てにやっと「3Pの原則」
——公害対策、その後。

アン　わたしはカナダのオンタリオ州で、湖から川に流れ込んだ「水銀汚染問題のその後」を、先住民問題がらみで、ここ三年間ほど調査していますが、被害者たちは弱い人たち。大企業・政府・役人・政治家たちを相手に戦い方を知らない。宮原さんの場合は力のある方ですが、ご自分がそういう運動をしかけたときに一番大変な相手だったのは工場でした？　それとも行政や政治家？

宮原　やっぱり行政のとり組みが生ぬるかった。公害対策の法律の中では、「企業との調和を図る」「産業との調和を図りながら水をきれいに」とか、まず産業ありき。「海をきれいにするために工場はかくあるべし」ということにはなってないんやね。発想がまったく違うわけ。日本の国の法律の原点には、「被害者立証義務」というのがあって、被害を受けた側が、しっかり立証して訴えないと法律的に受けつけてくれない。

アン　じゃあ、裁判で訴訟を起こす？

宮原　九州では水俣病の問題が起きていましたが、裁判も簡単じゃない。たとえば、わたしのような立場の者が、「どこそこの工場がこんな汚水を流して、その汚

MIYAHARA'S KEY WORD　93

行政のとり組みが生ぬるかった。

水がその周辺の漁業にどれだけの影響を与えて損害を与えているか」——そこまでの確たる証拠を出さなければ、裁判としてとりあげてくれないんですから。

アン　カナダでもそうです。だから宮原さんのおっしゃりたいことは、「加害を与える側が、もっと規制して考えろ」と。「垂れ流しておいて、被害者が訴えてから対応するんじゃなくて」っていう論理。

宮原　そうなの。とにかく、今話したような闘争の経過をたどってようやく、「3Pの原則」——「加害者が立証して補償する」という規制にかわってきたわけ。

アン　Polluter Pay's Principle。直訳すれば、汚染者費用負担の原則。

宮原　たしかに、われわれの運動の影響で公害対策が推進されたのは事実。公害に関するいろいろな法律ができたしね。全漁連会長のとき、「瀬戸内海の環境保全のための臨時措置法」ができたが、五年間でダメになった。だから恒久的な法律にせないかんということになって東大の檜山先生や都留重人先生、四国の経団連会長なども加わった四人が起草委員になって、その法律の基本方針をつくったんです。今度は「臨時措置法」ではなく、今のような法律にかえた。そのとき環境庁に水質保全局ができて、農林省から局長が行ったんです。その下に通産省からきた次長がいる。この絶妙な役所の人員配置で、いかに公害に対する立法を骨抜きにされてきたことか（笑い）。ここで〝実績〟を残して、通産で栄進していくとわたしどもはひがんだわけ。

アン　骨抜き係ですか（笑い）。

宮原　言いなりにやったら企業から総スカンされるから、お目つけ役がおるわけ（笑い）。当時、これは声を大きく呼んだものでした。いささか言い過ぎですかね。まあ公害の話はこんなところか。

MIYAHARA'S KEY WORD 94
われわれの運動の影響で公害対策が推進されたということはあります。公害に関するいろいろな法律ができたしね。

わたしの人生というのは「公害との戦い」だった。

アン　公害問題について、もう一点だけ……わたしって、しつこい質《たち》でして（笑い）……二十世紀末から二十一世紀初頭にかけて、世界的な大問題の狂牛病じゃないけど、いったんイメージ・ダウンしたものをどうやって回復させたのかという点を、この問題の最後にお聞きしたいのですが。四日市の公害で、魚が汚染され、臭いって騒がれると、漁業者が扱う〝商品〟全体のイメージ・ダウンになりますよね。消費者が、「ああいうものは食べない」なんて気持ちになっていくときに、漁業者はどういうふうに立ち直ったのか？　自分たちの〝商品〟を、どうやってイメージ・アップして、どのようにし

MIYAHARA'S KEY WORD 95

「資源を増やそう」という運動が起こってきた。「魚をとりすぎてはいけない。種をまくことが始めよう！」という前向きな運動。

て売っていったのか？

宮原　それは「みんなの努力」としか言いようがない。県では異臭魚を南のきれいな海へ持っていって、何日ぐらいで臭いが抜けるか実験してくれた。また、四日市港を仕切って港内で魚をとってはいけないといった禁漁区を設ける一方、臭い魚の出荷を禁止し、その見返りに一定額の補償をする。とにかく大問題で、ときには関係漁民がとってきた魚を県庁の前にぶちまけたこともありました。

アン　大変な公害闘争！

宮原　不特定多数の工場群が加害者ですから、われわれのトラック・デモや排水口での無作為採水・分析など、県の努力やいろいろな要素が逐次効果を発揮して、こうした騒ぎも次第に沈静化してゆきました。そしてまず、「伊勢湾の水も改善され相当きれいになった」って、新聞はじめマスコミで取りあげられる。当時、幻の魚になっていた「ワタリガニ」や「車エビ」が戻ってきたというニュースも出たりした。四、五年でだいたい平静に戻ってきました。今度は、「資源を増やそう」という運動が起こってきた。「魚をとりすぎてはいけない。種をまくことから始めよう！」という前向きな運動。それに、高度成長、経済成長の波に乗って魚価が高くなった。公害問題に関して最初に騒ぎ出した三重県が汚水処理に力を入れ始めて、海はきれいになり、魚価が安定するという相乗効果が生まれました。とくに目立った動きのひとつに、工場排水とともに家庭排水も大きな汚染源であるとの認識のもとに、全漁連が全国運動として始めた「合成洗剤追放・天然石けん普及運動」に、県漁連や県婦人部などが同調して、いっせいに長期にわたって精力的に運動した効果は大きい。東京の生協あたりから産地指定で魚の注文

MIYAHARA'S KEY WORD 96
はじめて漁業者の立場で原子力発電所を見に行ったのは、わたし。

が入るようになってきた。こんなこともあって、一番多いとき、三重県内の水産物の年間水揚げは、千二百億円くらいあった。真珠はその千二百億円の中の百七、八十億円くらい。

アン そうそう、三重県といえば、真珠を忘れてはいけない。

宮原 三重県は真珠養殖発祥の地――阿児湾が〝真珠のふるさと〟ということです。海の汚染で被害が出て、三重県の有力な業者が全部その地を離れていった。愛媛と長崎の二か所に行って真珠養殖を始めた。今は向こうのほうが生産量も多い。三重県は三番目くらいですよ。今、ようやく阿児湾の環境も戻ってきて、「やっぱり近くで養殖したい」ということで、逐次養殖の数量も増えてきています。しかし、今の経済の冷え込みの中で、真珠の値段もさがっているし、この不景気と重なって、消費者は真珠も買わないからねえ（笑い）。

アン 公害・環境問題の最後の最後に……ほんと、しつこい（笑い）……もうひとつ、原発の問題がありましたね。

宮原 昭和三十九（一九六四）年に水の問題で欧州へ勉強に行ったときは、ちょうど、三重県に原子力発電所を持ってくるという話が出てきたときでした。そのころ、福井県で実験的な発電が始まっていたんですが……はじめて漁業者の立場で原子力発電所を見に行ったのは、わたし。

アン あっ、それは知りませんでした。

宮原 そのとき、ロンドンの大使館に行ったら、のちに水産庁長官や農林事務次官になった内村さんが一等書記官でおられましてね。その人がいろいろと世話してくれて。科学技術庁から来ている書記官をつけてくれて、イギリスにある原子力発電所を二、三か所、見学。原子力発

MIYAHARA'S KEY WORD 97
わたしの人生というのは「公害との戦い」だったと位置づけてます。

電の勉強をしてきたんです。英語の文献をへたくそな訳にして、原子力問題について、専門雑誌に発表したこともありますけどね。
アン そんなことまで、おやりになった。徹底してますね。
宮原 そのときお会いした内村さんは、今話したように本庁に帰って、どんどんえらくなって。わたしが全漁連の会長やっているときに水産庁長官になってね。
アン この役所の人事は、全漁連にとっては、損な話ではない（笑い）。
宮原 それはとにかく、わたしの今日があるのはヨーロッパでのポリューションに関する一か月の勉強。だからわたしの人生というのは「公害との戦い」だったと位置づけています。
アン やっぱり、宮原さん、ヒーローですよ。パイオニア・ワーカーとしても、すごい。

オイル・ショックがきっかけで、二度目の欧州視察。

宮原　昭和四十九（一九七四）年に、ブラジルのサンパウロ市と三重県が姉妹提携しようということになった。三重県からサンパウロ市に移民がたくさん行っているんです。そういう移民の人たちが、かの地でだいぶん勢力を持ってきた。「三重県と提携して、いろいろと交流を計りたい」と言ってきて、姉妹都市になることになった。その調印式に、「あんたもついて行ってくれ」って言われて、田川知事のうしろについて、調印式に行ってきた。そこで、いろいろとブラジルの漁業なんかも勉強して帰ってきたんです。

それで羽田——その時分の国際空港は、まだ羽田やったわけですが——に着いたら、女房が迎えに来てくれていた。そしたら、女房が開口一番、なんの話かと思ったら、「トイレット・ペーパー、トイレット・ペーパー」とおおさわぎ。

アン　オイル・ショックですね。

宮原　「トイレット・ペーパーをみんな買いだめしてる」って騒ぐ。家に帰ってみたら、トイレット・ペーパーだけが、どっさり積んであって、「どうなってんのや、日本は！」と（笑い）。このときに、ブラジルの漁業の関係者に、「きみらは石油

オイル・ショックがきっかけで、二度目の欧州視察。

をいくらで買っているのか?」と聞いたら、日本円にして一〇〇〇リットルを三万円ちょっとで買っているというわけね。その当時、日本では一万二千円。そのころには日本の漁業が世界的に広がっていって、成績をあげていたが、石油は安いから湯水のように使っていた。ところがブラジルなんて三万円もする高い石油で漁業をやっていたら、魚を日本に輸出しようとしても、とても割にあわない。「この状況では、魚の国内消費に力を入れたほうがいいよ」と言って日本に帰ってきたわけだ。そのあと十日もせんうちに日本も値があがって三万円になってしまった(笑い)。いっぺんでそうなった。おおさわぎしたよね、そのときは。漁船は石油以外の燃料は使えないんだから。陸上なら新しい燃料もいろいろと考えられるけども。ちなみに、漁業において燃油のコストに占める割合は、もちろん漁業種類によって違いはありますが、一番多いので燃料費が二五〜六パーセント。こんな状況の中で、いきなり石油の値段が大幅にあがると、漁業をつづけていくことができないということで、全国的にワーッとおおさわぎになった。そのときの長官が内村さん。「内村さん、これはなんとか国の政策を立ててもらわな、いかんよ」とお願いした。そうしたら内村長官が、「あんた、ちょっと海外へ行って石油事情を視察して来るかね?」と。それで、また七、八人の団員を募ってヨーロッパに行った。そのとき、わたしは全漁連の副会長になりたてやったけれども、団長を引き受けた。全漁連も漁民大会を開いて、政府に要求を突きつけようとしてるときだから、ゆったりした日程は組めない。早く帰ってこないといかんけど、イギリス、ドイツ、フランス、ベルギー、イタリア、それからスペインをまわった。

ヨーロッパで一番びっくりしたのはドイツ（ミュンヘンのビアホール・ホフブライハウスにて　右から２人目がわたし）

スペインは結構漁業が盛んでね。

アン　そうですね。わたしも、ポルトガルとスペインの沿岸の漁村をフィールド・ワークしたことがありますが、イベリア半島のどちらの国も、漁業は盛ん。

宮原　「先にベルギーへ行け。ＥＣがあるから、そこで各国の石油事情を聞いたらよくわかるから」と言われて、まずブリュッセルに行った。

アン　まず、ヨーロッパ全体の様子を把握するってことですね。

宮原　「こんな人間がこういう問題で調査に行くから、それぞれの国の漁業に対する石油対策というものを下調べせい」と、内村さんが現地の出先機関に連絡してくれた。それにしても、忙しい旅だった。飛行機を使って、一週間で五か国まわった。

アン　結構大変な旅ですけど、ヨーロッパでなら可能ですね。

MIYAHARA'S KEY WORD 98
政府に欧州石油事情の報告書を提出した。その報告書を飛行機の中で書いて羽田に着いて、そのまま、その日、武道館でやっていた漁民大会へ直行。

宮原　とにかく着いたらすぐに相手国の農林省へ行って、それからまた次って具合。同行した人たちは、はじめてヨーロッパに行った人ばかりだったから、「観光もさせてくれ」というわけやね（笑い）。「じゃあ、ここから先は、おれがひとりでまわる。バスを用意してやるから、それで観光してこい」ってね（笑い）。

アン　ほとんど宮原さんひとりで石油事情を視察したってことですか（笑い）。

宮原　通訳なしで大使館の書記官がついていてくださった。

アン　ところで、ブリュッセルのＥＣの情報は役に立ちましたが？

宮原　たいしたことはなかった。漁業の燃料問題については、ＥＣはあんまり専門的に把握していなかった。当時は、正確にはまだＥＥＣだったが。

アン　で、そのときの視察で、なにか参考になったことはあったんですか？

宮原　スペインが一番、対策を練っておった。イギリスは、漁業はそんなに盛んじゃないけど、「これからは水産食糧も大事だ、漁業を減らすわけにはいかん」ということで、漁業で使う石油に対して資金的な補助――補助金みたいなものを出していた。

アン　スペインの対策とは？

宮原　スペインもイギリスと同じように補助金の支出。石油を漁業者に優先割り当てするとか、漁業用の石油の数量確保とか、単価を安くしようとか、国によっていろいろと対策は違った。そういうことを、もっともらしく調べあげて、政府に報告書を提出した。その報告書を飛行機の中で書いて羽田に着いて、そのまま、その日、武道館でやっていた漁民大会へ直行。

アン　すごいバイタリティ！　それにしても、ハードスケジュールでしたねえ。

数々の国際交渉にも望んだ……（ハンブルグのICAにて）

オイル・ショックがきっかけで、二度目の欧州視察。

宮原　で、大会の会場に乗り込んで、欧州の石油事情を、オーバーに発表。

アン　すごいインパクトがあったでしょうね。大会の会場の壇上で、「今ヨーロッパから帰ってきたところです」なんて言ったら、それだけで、すごい演出（笑い）。

宮原　タイミングがよかったよね（笑い）。それはいいんだけど、こっちはクタクタ。結局、政府資金を確保した。たしか、あれは「石油に対する安定資金」って言ったかな。国が補助して、安い金利、三％くらいの利息で金が借りられる一千億円の融資枠をとった。それから法律もつくって「魚価安定基金」という制度ができた。魚がたくさんとれて値段がさがった場合は、それを指定する機関が、調整保管といって冷蔵庫に入れて、値段が落ち着いたときに逐次出荷していくという制度。その保管料と金利を助成するという組織もつくってくれた。

アン　ヨーロッパまで、クタクタになって出かけて、かの地の事情をいろいろ調べてきて政府にかけたプレッシャーは効いたわけですね。

宮原　その制度に対する全漁連の中での評価は、「制度をつくらせるのに苦労したけど、たいしたことない」というもの。海苔や定置漁業や、近海の小さい漁師ってのは、石油をたいして使わない。石油を使うのは遠洋漁船とか大型漁業でしょ。日本鰹鮪漁業協同組合連合会をはじめ大きな組織は、恩恵を受けたでしょうが、沿岸の零細漁業者にはひとり一年で五十万円くらいの助成しかなくて、ほとんど喜ばれなかった（笑い）。「なに文句言ってんだ。鰹鮪漁業もみんな組合員や」と反論したけど、わたしの周囲は沿岸でこぢんまりと漁をやってる組合長とかばっかりだったから、この一件は努力の割りには、まわりでは評価されなかった。

MIYAHARA'S KEY WORD 99

「魚価安定基金」の制度づくりは、努力の割りには、まわりでは評価されなかった。

宮原流漁連の経営法、その一。
三重県漁連成功の秘密。

宮原　このへんで、県漁連経営の話をしましょうか。要するに、前に話した〝公害との戦い〟をひとつの大きな柱にしながらも、やっぱり税金で暮らすわけにいかんから、事業を展開せにゃいかん。事業を展開するためには、毎年の漁獲量を安定的に確保できるような海洋環境を守らなければならない。ここでも環境問題がつながってくるんだ。わたしは、先輩たちのやってきた時代と違って、「これからどんどん世の中が進んできて競争の世界になってくる。今のような漁協の姿ではそのうちダメになる。だから、浜ごとの特色を出そう」と思った。水産加工場などをつくったりする一方、養殖の魚を全部三重県漁連に集めさせたりした。経済全体が右肩あがりというご時勢だったから、比較的順調に作業ができた。わたしが実際に仕事をした、経営にタッチしたのは、参事になってからだから昭和二十八〜九（一九五三〜四）年ごろからです。そのころから、全部まかせてもらった。自分の考えで、職員を上手に使ってね。わたしのやることに、浜の人たちも黙ってついてきてくれたということもあってうまくいった。

MIYAHARA'S KEY WORD 100

先輩たちのやってきた時代と違って、「これからどんどん世の中が進んできて競争の世界になってくる。今のような漁協の姿ではそのうちダメになる。だから、浜ごとの特色を出そう」と思った。

知床半島沖の流氷の中でスケソウダラ漁を手伝っているアン

日本各地で漁連も漁民もがんばっている（撮影　石原等　第十一回漁港漁村写真コンクール入選作品より）

アン　わたしは全国津津浦浦の漁業組合を、何百と訪ね歩いたし、今も訪ね歩いているし、各県の漁連にも、あっちこっち顔を出していますが、どうひいき目に見ても、今の漁業界が元気だとは思えないのですが……景気のいい時代には、どの県の漁連も、そんなふうに順調だったんですか？

宮原　今もそうだが、全国各県の県漁連といっても一般的に力はないんです。職員が二、三十名前後という小所帯だから。県によっては、海苔の関係だけを、しっかりまとめているとかいうのが現状。頑張ってやっている漁連は、北から北海道、宮城、それから静岡、三重、香川、愛媛、長崎と鹿児島ですかね。詳しいことは今はわかりませんが、それぞれの地域事情の中でよくやっていると思いますよ。

アン　今、お話になった漁連傘下の漁村を、これまでにほとんどわたしもまわってフィールド・ワークをしましたが、たしかに、これらの県の漁業は、ほかに比べて活気があると、わたしも思いました。三重は宮原さんに、じきじきご案内いただいて、いろんなところを拝見しましたが、たしかになかなかのものでしたね。

宮原　三重県漁連の場合は、力がうんと強いし、全国でも指折りの中に入ると思います。

アン　三重県が強いのは、なぜですか？

宮原　出資金というか、資本金をしっかり蓄積して、その資金を活用して経営していたところが勝因。つまり借金がなかったということ。漁連への出資金の利益配当は最高八パーセントを目標にしていました。なかなかその目標までは届かないけれども、そういう意気込みで経営してきた。補助金をもらう団体ですから、ちょっと遠慮して七パーセントの配当は、ずーっとつづけていました。近ごろ

MIYAHARA'S KEY WORD 101
だいたい金利が零点何パーセントの時代ですから。でも、みんなは、「漁連に出資しとったほうが、安心や」と思っていてくれているということです。

は、バブルがはじけて五パーセントが、やっとというのが現状ですが。だいたい金利が零点何パーセントの時代ですから。でも、みんなは、「漁連に出資しとったほうが、安心や」と思っていていてくれているということです。「増資計画を出すから、あんたたち好きなだけ増資を」って言ってたら、毎年、四、五千万円増資が集まった。漁連に金を預けておいたら、五パーセントの配当が確保できるわけ。

アン やり手ですね。宮原さんは、ずばり、実業家。

宮原 うーん、戦後三重県漁連は、事故や災害で工場がなくなったりして大変だったの。そのために生じた借金は、昭和三十（一九五五）年から昭和三十五（一九六〇）年までのあいだに全部きれいに整理した。だからそのあとは毎年資金を蓄積していくことができた。あのころのわたしは、いっさい経理のことなど知らなかった。試算表だとか貸借対照表だとかを、つくれなんて言われてもねえ……だけど、税金にしても経理にしても常識が大切だと思っている。常識で考えて間違いなかったら心配いらん。その線でやっていった。

アン おもしろい経済学論！（笑い）

宮原 そりゃそうさ、すべてが宮原流。とにかく毎年そういう形でお金を集め、はじめのうちこそ配当は三〜四パーセントだったのが、だんだんだんだん、うまくいくようになって、最高七パーセントまで配当できるようになりました。「おれが実際にたずさわっていたときに、配当をいくら出したか、ちょっと計算してよ」って言って数字をはじかせたら、何十億円。これだけの額を漁村に対して還元できたのは嬉しかった。

アン その投資は、漁連の会員の漁師の人じゃないとできないんですか？

宮原流漁連の経営法、その一。三重県漁連成功の秘密。

宮原　はい。会員じゃなければ出資できない。

アン　そりゃそうでしょうね。会員になりたいですね、わたしも（笑い）。

宮原　準会員っていうのがある。加工をやっとるとか、少し船を持ってるとか。

アン　関連企業ですね。

宮原　その人たちは、出資してもいい。ただし発言権も決議権もないけれど、経済事業の恩恵には浴すわけ。協同組合というのは、「出資に対する配当は、八パーセントを上限としてそれ以上やったらいかん」ということになっている。しかし、利用分量に応じて配当できるものがある。ここの組合は一年間に何億円、石油を買うと。それで石油の利益が一億円あるからその一億円を、「利用分量に応じて配当とは別に返してやれる」という制度があるわけです。だから漁連はみんなの共同の力で仕事をしているということから、「高利用、高配当」というのが「協同組合原則」として存在する。「ひとり一票制」――ひとり一票しか決議権がないというような制度もありますけども。とにかく利用したものによる利益は、直接そういうところで還元する。そういうふたつのルートで四十億円を漁村に戻した。

アン　漁業組合そのものは、金儲けしてはいけないわけですよね。

宮原　資本金は、はじめのころには二億円か三億円しかなかったけど、配当したお金をみんなが出資に振りかえてくれて、すぐに十四、五億円になった。自分の金をあらたに出さないですむから、この話には乗りやすい。

アン　でも気持ちいいでしょうね。そういうとんとん拍子で上向いていく組織のリーダーをやっているのって。それも、私利私欲のためでなく、「世のため、人のため」にやるのって。

宮原流漁連の経営法　その二。「天下三分の計」——三重県漁連は「タコ部屋」？

MIYAHARA'S KEY WORD 102
漁連の利益は、会員に三分の一、職員に三分の一、それから内部留保三分の一配分するという「天下三分の計」というキャッチをつくってね。

宮原　わたしは漁連の経営では職員に、「高能率、高配当、仕事は能率をあげよ！そのかわり利益は、おまえらに配分する」と、つねづね言いつづけてきた。会員には三分の一、職員にも三分の一、それから内部留保三分の一という「天下三分の計」というキャッチをつくってね（笑い）。

アン　でも、日本の社会で能率をあげるというのは、至難の業。わたしは、これまで十四年間の日本滞在の中で、日本の職場に入って働いた経験があるんですけど、そのときに痛切に感じたことがあります。ずばり、ひとことで言うと日本は、〝お神輿《みこし》の世界〟。というのは、一所懸命にお神輿《みこし》をかついでいる人たちの中で、かついでいる振りをしている人や、逆に、ぶらさがっている人が、かならずいる。そういう雰囲気が支配する日本の職場で能率をあげようとしたら、どういうふうにあげるんですか？

宮原　それは担当部門によっていろいろなやり方がある。職場には頭を使う人も

MIYAHARA'S KEY WORD 103
「このバカもん。だからおまえら何十億円もの赤字出して平気でいられるんだ。それでおれが全漁連に乗り込んだんだよ」と全漁連の職員に言い返してやった――たくさん働くものが、よけい稼ぐという単純な原則。

おれば、経理の人も、パートで臨時に雇っている人など、いろいろいるわけだから、一律にはいかない。総合的な方法としては、わたしは能率をあげさせるために休み時間を短くした。わたしが全漁連会長になったとき、そんなわたしのやり方を見て全漁連の職員から、「三重県漁連は『タコ部屋』をやってんの？」と言われた。

アン　タコベヤ？

宮原　炭鉱とか土木工事現場とかで労務者が逃げないように一部屋に押し込んで監視して、尻をたたいて労働者をこき使うことです。「職員の権利を無視して仕事をさせている」と全漁連の職員が平気で言うから、「このバカもん。だからおまえら何十億円もの赤字出して平気でいられるんだ。それでおれが全漁連に乗り込んだんだよ」と言い返してやった――たくさん働くものが、よけい稼ぐという単純な原則。

アン　なるほど、働かざる者は食うべからず、ですか……。

宮原　当たり前のことですが、県漁連の若い職員が、「生活も厳しいし、学費もいるし、少しでも余計に金がほしい」と言う。だからその時分、年間のボーナスを八か月出すことにしました。

アン　能率をあげてしっかり働け、そうすれば、過分に払うというわけですね。それにしても、八か月のボーナスって悪くないですねえ！

宮原　給与十二か月プラス八か月で、二十か月分の給料をやる。

アン　鞭……というと言葉が悪いんですけど、「鞭とアメ」をうまく使いこなすのが宮原流。しかし、このアメ、結構おいしそう！（笑い）。

宮原　だからみんな一所懸命やる。

アン　わたしも、食べたくなりますねえ。

MIYAHARA'S KEY WORD 104
おまえら幹部は、無理してでも職員におおいにボーナスをやれ！

宮原　そりゃそうよ。今でもそうなんですよ。この時勢でも、この賃金体系はくずしていない。
アン　宮原さんが会長を退かれたあとも、ずっとつづいているんですか？
宮原　後任の会長に、「いいか。宮原のときにはよかったけれども、新しい会長になったら月給さがったとか、ボーナスが少なくなったとかって言われると、おまえが気の毒や。職員が働く意欲をなくする。おまえら幹部は、無理してでも職員におおいにボーナスをやれ！」って言った。それで、去年の十二月のボーナスも三・七か月分や。
アン　すごいですねえ、今時。わたしも転職したいです（笑い）。やっぱり宮原さんのような人の下で働いたら、精神的な安心感が得られますね。
宮原　ほう、そうかなあ。
アン　何度も言ってくどいのですが、宮原さんは、実業家ですね、もう完全に。
宮原　わたしは、これだけこんな〝えげつない話〟をしましたけども、別に威張っているわけではありませんよ。わたしのときには、三月に二・五か月、夏に二・五か月、年末に三・五か月で合計八・五か月のボーナスを出したこともあります。三月のボーナスっていうのは最高に嬉しいもんだ。子どもが学校へ行くから、いろいろ出費がかさむ。
アン　そうですね。わたしはボーナスをもらった経験は四年間しかないんですけど、このシステムは外国にはない〝ちょっと嬉しい風習〟ですよね？
宮原　そう、向こうにはない。そのへんが、ちょっと違うね。
アン　ボーナス制度には、いろんな批判もありますけど、わたしはボーナス制度というのは、日本が誇っていい制度だと思っています。

宮原流漁連の経営法、その三。他県に加工工場をつくることも辞さず。

宮原　神奈川県に三浦三崎の漁港があるのだけど、行ったことはありますか？

アン　三崎漁港は……まだ、行っていません。

宮原　三崎は大きな漁港で、遠洋漁業の基地です。カツオ、マグロ――とくにマグロを中心とした漁港です。だから港の設計も大型船を中心にできていて、消費地にも近いし、活魚のとり扱いに適している。最近は、ここに入る活魚が増えてきたから、そういう仕事がやりやすく、衛生的な港の構造を考えなきゃいかんということで、別のところへ新しい港をつくっておられる。その三崎には三重県漁連の工場がある。三重県のあちこちから集めた魚を船で持っていって、漁港の生け簀へ蓄養してあるんです。それを水揚げして、フィレに加工して、すぐに冷凍または鮮魚の真空パックにして全国各地に出荷している。

アン　そんなことも、おやりになっているのですか……もう、ビックリ。

宮原　三崎漁港を利用させてもらうために、当時の久野市長と仲良くして助けていただいた。わたしのところは、地元とは直接取引の関係はありませんが、海や

浜を使ったり岸壁を貸してもらったりするために、今、年間一億円以上払っとる。

アン　想像できないような額が、いっぱい、次から次へと出てきますね（笑い）。

宮原　この事業は、三重県漁連の収益源のひとつです。ボーナスの元。

アン　なるほど！　年間八か月のボーナスは手品では出てこない。それなりのしかけが必要だと思っていたんですが、これで納得って感じです。

宮原　土曜、日曜なしで全国へ出荷する。スーパーが日曜、正月休みなしならこっちも休まないで供給しないといかんでしょ。休んどったら、よそへ注文がいってしまうからね。わがほうが好んで「タコ部屋」やっているのと違うんだよ（笑い）。

アン　なるほど。よその県、つまり三重県漁連が、地の利のいい神奈川県に工場を持つという発想がすごいですね。

宮原　地元の人の雇用にも役立っている。いっぺん、あなたにも、現場を見せたいですね。

アン　ありがとうございます。ぜひ近々おうかがいします。宮原さんは、すぐれた経営者であると同時に「創造力」のあるクリエイターですね。創造してそれを実現する才能に恵まれていらっしゃる。

宮原　アンさんに言わすと、わたしひとりがやったようになりますが、これは担当している役職員の努力の賜物。仕事のアイデアも、ほとんど職場から出てくる。このへんが、高能率といえるのです。

宮原流漁連の経営法、その三。漁連商事？　宮原会社？

アン　三重漁連商事とか、宮原会社とかっていう……三重県漁連はそういうあだ名がついているそうですね？

宮原　フッフッフ。宮原商事とか言う人もいる。

アン　全国ネットで有名なんですか？

宮原　そういうことを言われる方は、内情をなんにも知らない人なんですよ（笑い）。組合精神にのっとって、漁業者全体のために、漁連のホワイト・カラーの職員みんなに苦労させている。そのリーダーのわたしが、なにを言われてもかまわない。

アン　ところで、三崎漁港の工場以外に、「宮原商事」の施設は、ほかにもあるのですか？

宮原　三重県に貝のセンターがあります。扱っている中心〝商品〟はアサリ。昔からアサリの取引というのは前近代的で、浜の商人で特定の人が押さえておった。漁師はそこへ持っていって買いたたかれていた。そこで漁連が集荷して、入札で値段を決めてやることにした。だから、そのあおりで相当アサリの仲買業者がつぶれた……ええ汁、吸いとっていたんだから仕方ない。今では愛知県産のも

MIYAHARA'S KEY WORD 105

組合精神にのっとって、漁業者全体のために、漁連のホワイト・カラーの職員みんなに苦労させている。そのリーダーのわたしが、なにを言われてもかまわない。

のも、盛んにうちの「貝センター」に入っています。全国銘柄の「桑名のハマグリ」も、悪いことにだんだん少なくなってきましたから、韓国や大連あたりからハマグリを輸入しています。なにかこれに名前をつけなければならない。輸入したハマグリを、砂の池をつくってポーンとみんな放り込む。あとは貝が自分で、そこにさっさと潜っていく。こうやって桑名の浜辺で養生させて、必要なときに掘って、出荷する。

アン　はい、名産「桑名のハマグリ」です、と（**笑い**）。

宮原　三月三日のおひな様の節句はこのハマグリが中心によく売れる。

アン　韓国産「桑名のハマグリ」では？いな。

宮原　誤解されるようなこと、言わんでいな。わたしはこのことで現地も確認してきました。水産物の産地表示については、昔はいろいろあったかもしれませんが、今は国の指導があり、適切になっています。たとえば、原料を中国から入れて、伊勢湾である期間養生させたようなときには、「伊勢湾産」としていいと思いますが、短い期間で出荷する場合は「中国産」と表示されます。これ、本当！　その貝の事業は、年間二十億円ぐらいになる。でも三崎で扱っている魚は百億円以上の売りあげだから、それに比べれば、たいしたことはない。

アン　わたしたちが「百円」って話すときのような感覚で「百億円」っていう言葉が出る……すばらしいですね。という

MIYAHARA'S KEY WORD 106
「おまえ、組合の利益は漁業者へ返すもんだ。組合がネコババしたらいかんよ」

か別世界ですね……とにかく、宮原さんの〝事業〟は、アイデアと発想と実行力ですね！

宮原　三崎だけでなく、三重県の現地にも、尾鷲や長島の直営工場がある。まあとにかく、そういう形で多角的に漁業経営をやっています。漁船の石油に関しても、全漁連石油を使っており、全部漁連で一括してとり扱うことになっています。そうやって集中することによって、スケール・メリットを確保するという利点もある。まあ、通常の取引については、市場とたいしてかわりはないけれども、年間の扱い額に応じてリベートっていうか、税法上も正しく認められた利用分配当というのを渡していますから、思わんときに何十万円だか何百万円だかが手元に入ってくる仕組みになっている。それで組合は助かるわけや。そして、「おまえ、利益は漁業者へ返すもんだ。組合がネコババしたらいかんよ」って言うんだけどね。経営が苦しいと、「安い値段で販売してるんだから、それ以上返すことはない。とり扱いの利益は漁協の利益にさせてくれ」という声が出てくるもんだ。

アン　〝ロビン・フッドの方程式〟の実践者ですね、宮原さんは。

宮原　いやいや、そんなおおげさなもんじゃない。みんなから出てくる要求を全部「ダメ」で片づけるわけにはいかんからね。

アン　「宮原商事」のすごさは、よくわかりましたが、なにもかもあわせると、

三重県の漁業は元気一杯（撮影　川西利次　第十回漁港漁村写真コンクール特選二席入選作品より）

三重県漁連の年間の収入は？

宮原　今、経済事業でだいたいコンスタントに六百億円ぐらいですね。

アン　オー、マイ、ゴッド！　六百億円って言われても想像つきませんね。

宮原　アッハッハ（と豪快に笑う）。協同組合というのは、経営者であり、同時に出資者であり、お客さんでもある。みっつの要素を持ってるわけです。ですから普通の会社のように、どこへでも売れるだけ売ればいいというわけでもない。法律上は、「会員が扱うのと同分量までは、会員外に利用させてもいい」ことになっている。たとえば、会員が年間百億円利用するなら、会員外で百億円まで利用してもいい、という具合にね。とにかく、「協同組合法」というのは、独禁法の対象外になっているうえに、国や県からの助成もある。だから、一般企業と競争したら、上手にやれば勝つに決まっている。現に、三重県漁連のように上手に勝っている組合もあるわけだから。やり方が下手だとダメだけど（笑い）。

アン　一般の小売商のことを考えたら、やり方が下手な漁業組合の地元のほうが、漁業関係の商売をするのには、楽なのでは？　三重県漁連のように経営のうまい協同組合が、どんとかまえている地元の非組合員の業者は、大変じゃないですか？

宮原　三重県では、漁連出入りの商人はもう全部押さえていますよ。やろうと思えば、商人の扱う分も販売できないことはない。だけどそれやると地元が死んでしまいます。だから、「同量以上はやったらいかん」という法律規制があるわけです。漁連会という組織があり、扱う品種によってグループをつくって、情報交換や品質の検討など行ってとり扱い業者と仲良くやっています。最近では順調です。

「全漁連に浜風を！」

アン　宮原さんは三重県漁連の会長の中ごろから全漁連の会長におなりになったわけですが、どうでしょう、ただ傘下の組織の規模が大きくなっただけで、これという違いはなかった？

宮原　精神が違う！（笑い）

アン　どういうふうに？

宮原　全漁連の根っからの職員は、最初はわたしを、「よそ者が来た。異人種が入ってきた」という感じで見ていたね。でも、まあ、それは人情ってもの。仕方ないですよね。

アン　全漁連の中では〝外国人〟（笑い）。

宮原　その中で、やるべきことを「ひとつずつ、つぶしてゆく」のは想像以上に大変でした。前に話したように、「三重県漁連の三崎の工場はタコ部屋だ」という感覚で、ものを見てるような者がいましたからね。大学を出てそのまま全漁連に入って、「浜はどうだ、こうだ」って理屈は上手に言うけれど、本当の漁村のことなんか、なんもわかっちゃいないの。とにかく全漁連のやろうとすることと、地方の実情の隔たりが大きかった。だから〝宮原イズム〟を徹底させようと思っても途中で止まってしまう。「三重県流にやれ！」というわけにはいかんからね。そこで、就任のあいさつで「全漁連に浜風を！」というスローガンを掲げたわけです。

MIYAHARA'S KEY WORD 107

大学を出てそのまま全漁連に入って、「浜はどうだ、こうだ」って理屈は上手に言うけれど、本当の漁村のことなんか、なんもわかっちゃいないの。

アン　じゃあ方法論をかえなければいけなかったんですか？

宮原　そう。とにかく経営の理念っていうのが、だいぶん違っていたから。第一に労働組合。全国に散らばっている工場も東京で働いている事務所の職員も全部同じひとつの労働組合に属していて、同一賃金体系だった。だから、全国どこの工場も、そこで働く人は地元では最高の給与をもらえることになる。そんな給与を出しているうえに、土日や休日、休暇も東京と同じ。こうしたことが経営上の大きなネックになっていた。こんなことで経営がうまくいくわけがない。

アン　稼がなくても賃金が良い。結構な話じゃないですか（笑い）。

宮原　もっとも基本方針に間違いがあったということではなくて、事業の管理上の問題ですね。そこで、会長就任早々、鮮魚の経営の中心である三陸方面の冷凍工場の実態を知る必要があると考えて、三重県漁連の熟練工場長を派遣して、そのへんの実態を最初に調査させました。

アン　いきなり宮原新会長のチェックが入って、現地でトラブルはなかったのですか？

宮原　それがやね。全漁連の三陸工場を総括している参事と、三重県の工場長が戦争中の海軍兵学校で一緒だったということで、おたがい仲良くこれからのやり方で意見交換ができたということで、これも神様の思し召しですね。

アン　なるほど、滑り出し好調ですね。

宮原　でも、魚のことは専門家にまかせたほうがいいということで、会長二年目に役員全員の希望もあり、三重県漁連の山下専務を全漁連の常務に選任して、経済事業全般についてやってもらいました。工場の総点検とか、休みを見直したり、時間外手当をカットしたり、厳しく

MIYAHARA'S KEY WORD 108
商売の秘訣は「他人の資金をあてにして仕事をしない」ということですな。無借金経営！

改善してもらいました。山下さんは、のちに三重県に帰ってもらって、わたしの後任の県漁連会長になってもらった。

アン　宮原人事ですね（笑い）。

宮原　そうした経営状態で、会長就任当時、赤字が七億円ありました。これを短期に処理していたところ、その最中に、現在日本国中問題になっている不良債権など、眠っていたものが現れてきた。こんなものをいつまでも抱えていては大変ということで、表面に出してみたら、四十億円ぐらいの赤字が出ることになった。仕方なく不動産の処分と、石油会計からの補填でしのぎました。

アン　赤字というのは、具体的にはそのように処理するのですか？

宮原　いろいろ臨機応変にやらねばいけないのですが、基本的には金利の安い借金をすること、また高い金利で貯金するのが原則。銀行から借りかえもやります。でも、商売の秘訣は「他人の資金をあてにして仕事をしない」ということですな。無借金経営！

アン　なるほど。

宮原　全漁連は体質的に小売りの力がありません。直売所経営も失敗しました。生協とタイアップして直販もやっていますが、生協というのは、なかなか手強い相手で、手数料などをがっちりとるから、あそこと組んでも利益は容易に出ないんです。スーパーも同じ。

アン　どこも厳しいんでしょうね。

宮原　三重県漁連の場合は、生協と近鉄、どっちと手を組んだらいいか実験してからやりました。結局近鉄と組んで、鉄道会社の名前が出ない「ジャパンシーフード」という子会社をつくってやっています。ここはかろうじて黒字経営。三重県漁連のこうしたそれなりの成功例は、全漁連の経営には、あまり参考にならない。

なぜなら、全漁連の経営問題では、どうしても大きな経済変動に巻き込まれるから、むずかしい。〝宮原イズム〟で頑張りましたが「全部が成功だった」とは言えません。ずばり、「今日の延長線上に明日はない」というのが正しい。自分の判断から発した、いろんな事業をやって、成功も失敗もしました。けれども、個人的な反省はあっても、弁解するわけにはいかん。わたしは、全漁連会長を自ら辞任した。任期は一期三年で、三期目の最後の一年を残して辞めました。全漁連再建の最中、二期目の最後の年に、今で言う不良債権がたくさん出てきて、それが、ざっと四十億円。さっき話した「みるみるふくれあがった四十億円の借金」というのが、これ。そのころはドルの変動が激しくて、予測どおりにならなかったんです。仕方がないと言えば仕方のないことだけど、それが最大の反省ですね。その責任をとって辞任した。

アン　リーダーは言い訳をしない。そういうとき、眠れない夜がつづきますか？

宮原　そのときに、自分の気持ちを平静にするのに、「般若心経」を一所懸命読んだんです。覚えようと思って読んだんじゃなくて、ただ毎日ひたすら読んだ——「門前の小僧、経を読む」。そのおかげで、すらすら言えるようになってね。もう十八、九年たつけど、今でも毎朝読みます。ゆっくりと二分、ちょっと早口で一分三十秒。二百六十六文字、それだけの経目のお経が「般若心経」。

アン　お年をめした日本人から、「般若心経」を読むという話をよく聞くんですが、本当に効くんですか、精神的に？

宮原　効くか効かないかは、その人の心による。わたしの場合は、とても心が安らぐ。

アン　目に見えないご苦労は、いろいろ

MIYAHARA'S KEY WORD 109

〝宮原イズム〟で頑張りましたが「全部が成功だった」とは言えない。ずばり、「今日の延長線上に明日はない」。自分の判断から発したいろんな事業をやり、成功も失敗もした。けれども、個人的な反省はあっても、弁解をするわけにはいかん。

MIYAHARA'S KEY WORD 110

「般若心経」も、効くか効かないかは、その人の心による。

おありだったと思うんですが、よそ目には、それまでの宮原さんの人生は、とんとん拍子に見えるのですが、全漁連会長の任期中の辞任というのは、ある意味でちょっと苦い終わり方だったのかしら……わたしは、違う意味で、よかったともいえると思うのですが……。

宮原　そのころは、今の各銀行が不良債権貸付で大問題を起こしていました。全企業にかかわりがあるといってもいいくらいの状態だった。そのときに、わたしが辞めるということで、農林中金の理事長のところへ挨拶に行きました。そしたら、「こういう為替の相場の変動が生んだ赤字の責任をとったって話は聞いたことがない。強引におったらいい」と理事長が、わたしに言うんですわ。「そんなこと言われても、もう『辞める』って言うてしもうたもん」って。

アン　アハッハッハ（**アン、おお喜び**）……自ら、ここは一番、辞めたほうがいいと、本気で思われたんですね。外野のうるさい声もいろいろあった？

宮原　全漁連の連中が、「責任をとって辞めろ」と言ったわけじゃない。やっぱり、「辞めて責任をとった」ってことでいいかと思って。

アン　そのあと引き継いだ会長は、彼の時代に債権を黒字にしたんですか？

宮原　いやいや、説明不足だったかもしらんが、わたしが辞めるときには、それまでの累積赤字の十億円の処理とともに、先に話した途中に表面に出てきた四十億円ほどの不良債権の償却という大事業は、ほとんど達成されていたということです。

アン　今、全漁連は負債をいくらくらい抱えてるんですか？

宮原　もう今は、全漁連とはあまり関係ないことにしているから知らないってことにしておきましょう……とにかく、全漁連は、やっぱりいつでも元気一杯であって欲しい。でも、全国の各県漁連や漁協では、経営のむずかしいのがたくさん出てきて、前途多難ですな。

アン　まだまだ、大変なんだ……。

宮原　実は今日も、あるところの赤字対策でちょっと相談を受けて、アドバイスしてきたところなんだけど、まあ大変です。でも、いろんな事件や問題が起きると、わたしはまた張り切るタイプなんだけどね（笑い）。

アン　平和を好まない人。宮原さんは乱世の雄（笑い）。

MIYAHARA'S KEY WORD 111

いろんな事件や問題が起きると、わたしはまた張り切るタイプなんだけどね。

……ちょっと中休み（一番奥が本書監修者の坂井　淳さん）

「結」の章

石原円吉先生の思い出。

アン　宮原さんは、若くして三重県に帰って数かずの難問に直面して、上司から無条件にすべてをまかされて、快刀乱麻のごとく、かたっぱしから問題を解決してこられた。たしかに、全漁連会長を自ら辞任なさったという〝事件〟はあったけど、今、お話になったように、これは自らまかれた種ではない……これまで、失敗はなかったのですか？　わたしなんか、宮原さんの半分もこれまで生きてこなかったのに、失敗だらけの人生で、宮原さんとお話していると、「どうやったら宮原さんのような人生を送れるのかしら？」と思ってしまう。なんか、失敗談のひとつも聞きたくなってしまうんです。

宮原　専門外の経理の問題にしてもなんにしても、「常識の線をはずさなければ、まず間違いない」という判断でやってきたことは前に話しましたが、あまり緻密な作戦計画を立てて、やってきたわけじゃない。自分の力を過信してやってきたわけでもない。出たとこ勝負ですわ。「なんかいろいろあったけど、とにかくやってきた」っていうのが実感。だから自分はおっちょこちょいで、オポチュニストですよ。血液型、O型ですからね（笑い）。

アン　失敗談は聞きたくても、聞けない感じ。だって、宮原さんて、失敗を失敗

MIYAHARA'S KEY WORD 112
出たとこ勝負ですわ。「なんかいろいろあったけど、とにかくやってきた」っていうのが実感。

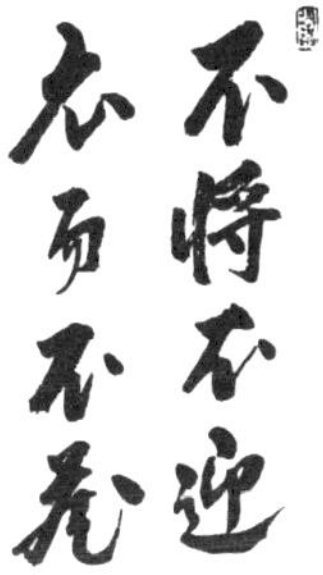

石原円吉先生の思い出。

■今日のイヤなことを明日まで持ちこさない。明日予想されるイヤなことにとりごし苦労はしない。ことが起きれば、ただちに対応して処理し、いつまでもしまっておかない。■

と思わないで、「えい、やっ！」と次に突き進むタイプですもの……では、作戦をかえて（笑い）……。

宮原　ちょっと待ってよ！　人生は失敗の連続っていいますよね。わたしなんかも、たとえば県議会の選挙に出たことなんて最大でしょう。数え始めればきりがありませんからやめますが、わたしはひとつの信念を持っているんです。それは、困難に直面したとき、この問題を解決せず悪行させたら、どんな結末になるか、そのとき自分は責任を含めてどう決断するかを、先に決めるの。それから、そこまで行かないためには、どんな手を打っていけば良いか、そこで二、三の対応策を考えて次の段階に臨むことにしてんの。要するに最悪の場合を覚悟して、それを避ける努力をつづけると、「案ずるより」の例で、意外に道が拓けるんです。中国の荘子の言葉に「不将不迎応而不蔵」というのがあって、座右の銘のひとつですが、「おくらず、むかえず、応じて蔵せず」っていうんです。

アン　またまたすごい！　これまでのお話の中に、ちょくちょく出てきて気になっていたのですが、話のはしばしに宮原さんは、よく、「若いころから、中央の仕事は全部わたしが代行した」「先輩が全部まかせてくれたから」とおっしゃるのですが、そのへんの詳細をお聞かせくださいませんか？

宮原　公害問題をはじめとして、中央の関係で仕事ができたというのは、嬉しいことでした。これは先代の石原円吉会長が全面的に仕事をまかせてくれたおかげやと思います。石原先生は、七十歳で三重県漁連の会長になって、七十一歳で衆議院議員、七十一歳で子どもをつくりました（笑い）。

アン　わー、すごい！（笑い）

宮原　体の小さい人だった……体の小さい人は精力が体に充満してるんだね。大男っていうのは血がまわりかねるのかね。

アン　なるほど（笑い）。

宮原　そういう方でした。衆議院議員になられたから、ずっと東京詰め。だから仕事を全部わたしにまかされて、たまに報告するっていう感じでした。わたしは、はじめのころ、全漁連には全部会長の代行で出席しとった。だから若いときから全国各県の会長とかをよく知ってたわけ。どんな会合でも行きましたよ。全漁連の理事会まで出とった（笑い）。

アン　小柄な方だっていう以外に、石原会長ってどんな方だったんですか？

宮原　石原会長がえらかったのは、「とにかく日本は『領海三海里』などとバカなことを言っとったらいかん。沿岸を大事にするために領海は十二海里であるべきである」って、機会あるごとに主張してたことやね。日本はそのころ海外漁業で稼いでいたから、全漁連をはじめ水産界全体は「領海三海里説」で、かたまっていたんです。日本が自ら十二海里なんて言い出すと、外国の漁場へ行ったときに、相手の国の十二海里以内の海域に入っていくわけにいかなくなるからね。海外漁業の関係者は、「石原会長、なにを言うか。自分に都合のいいことを言うな」と一笑に付されとったわけです。ところが石原先生は、いろいろな会議にちょっとだけ顔を出しては、「領海十二海里」をかならずしゃべって、「ちょっと忙しいからあとは宮原頼む」と言って去って行く（笑い）。それでわたしが会長代行……。

アン　きっかけだけつくっておいて〝実戦〟は、宮原さんにまかせる（笑い）。

宮原　たくさんの人を飛びこえて、石原先生に「宮原！」って言ってもらったことを感謝しています。たいした男じゃな

MIYAHARA'S KEY WORD 113
たくさんの人を飛びこえて、石原先生に「宮原！」って言

ってもらったことを感謝しています。わたしなんてたいした男じゃないのにねえ。

いのにねえ（笑い）。でもお陰様で、役所をはじめいろんな人脈ができました。

アン　石原先生との出会いは？

宮原　先生は、戦争中は県会議員をやっていた。そのときに国会の選挙があったんです。いわゆる「翼賛選挙」。中央の軍部が推薦候補を選んで、戦争に協力する連中を推薦候補にして選挙をやった。そのときに、彼は戦争反対の立場で立候補して、当然、負けました。

「そりゃ　負けますよね」

アン　そりゃ、負けますよね。

宮原　戦後になって、県の水産業会の会長になったのは、三重県で石原先生と並んで水産界の両巨頭だった浜地文平先生という方でした。その浜地先生が、わたしを農林省から三重県に引っぱったわけです。「困っとるから、おまえ助けに来い」と言って。そのとき浜地先生は、国会議員でした。その後米軍が進駐してきて、公職追放令が出されて、戦時協力の団体はもちろん、代議士も全部追放されました。だから浜地先生も県の団体の長を辞職した。そこで、石原先生が第四代会長になります。その前、昭和二十一（一九四六）年に衆議院選挙があって、そのとき浜地先生は、公職追放令で立候補できなかった。石原先生が立候補して当選した。議員になったことで、三重県水産業会を県漁連に改組したときの初代会長になられたわけです。

石原会長に仕事をまかされて……。

石原会長の胸像とともに

MIYAHARA'S KEY WORD 114
漁連をクビになったらとっとと農林省に帰るつもりでいました。

宮原　浜地会長から石原会長にかわった直後は、三重県は、石原派と浜地派とに分かれていた。アメリカの大統領がかわると、スタッフが全部かわるように、漁連のスタッフも全部かえるの。

アン　日本にも、そんな人事があるとは知りませんでした。

宮原　そのときに、石原派が、「宮原は浜地が連れてきたやつだ。一番心配だから、最初に首切らなきゃいかん」と言っていたらしいの。そんなこと、こちらは、知らなかったし、クビになったらとっとと農林省に帰るつもりでいました。まだ農林省に籍おいてあったからね。それがたしか昭和二十二（一九四七）年でしたね。戦争直後は、いい加減なもんやったね（笑い）……あるとき石原会長に呼ばれて、「おい、みんなはきみのことを浜地派だと言っとるけど、おれはそうは思っとらんから、しっかり頑張って助けてくれ」って言って放してくれなかった。「仕事、全部まかせるからやってくれ」って言ってね。

アン　不思議な出会いですね。石原さんがそこで宮原さんを引き止めなかったら、まったく違った人生を……。

宮原　そうそう。人生百八十度、かわっとったはずだ。

アン　でも石原さんは、どうして熱心に宮原さんを引き止めたんですか？

宮原 その理由は、それまでの会長は浜地先生でしたが、おもな仕事はほとんどわたしがやっていたし、「きみは農林省にいたんだからいろいろ人脈もあるだろうから、中央の仕事は、きみがやれ」と言われとったわけですよ。それで昭和二十一(一九四七)年に石原先生が代議士になって、水産の問題をやり始めたから、会長に就任される前にも、県漁連の立場から、代議士にいろいろとお願いに行かなきゃいかんことがあった。石原先生とは、なにかと前から接触があったわけ。

アン 石原さんて、度量の大きかった方だと思いますよ。敵の部下だった人を、自分の内側に入れるっていうのは、できそうでなかなかできないことですから。

宮原 わたしは職場の閥とかは、まったく意識していなかった。いたって気楽なもんでしたけどね(笑い)。とにかく、わたしには、幸運がつきまとってるんだね。

MIYAHARA'S KEY WORD 115
わたしは職場の閥とかは、まったく意識していなかった。いたって気楽なもんでしたけどね。

MIYAHARA'S KEY WORD 116
とにかく、わたしには、幸運がつきまとってるんだね。

アン 石原さんと、どこかで気があったんでしょうね。

宮原 そうそう。だから石原先生のかわりに、身を粉にしていろんなことをやりましたよ。私的なことも頼まれてね……石原家は、昔から志摩の大変な資産家で、漁業をはじめいろいろ事業をやってる家だったんです。奄美大島や高知県に鉱山を持っていて、そこの会社の社長も石原先生はしていた。その後始末——たとえば奄美大島で鉱山のマンガン鉱を掘り出して、なんとかして金にしたいという話になったときなんかは、みんなわたしが交渉係。

アン いろいろと大変な〝雑用〟を強いられて……(笑い)。

宮原 いや、そういう仕事は、気軽にやりましたよ。わたしは若いころから物怖じしないで、どこへでも行って気楽に相手と話す質《たち》だったから。

進駐軍と漁業権の交渉のお手伝い。

宮原　進駐軍の天然資源局の部長と漁業法についての議論するときも、石原先生のお手伝いをしたなあ。進駐軍司令部が入っていた明治生命のビルへ、しょっちゅう行ってました。

アン　進駐軍の態度はどんなふうだったんですか？

宮原　ヨウ博士っていうアメリカ人がいて漁業のことに大変熱心な方だった。真珠の漁業権を含めた漁業権の問題もよく議論しました。それまでは漁協が漁業権を持っていたんですが、法律改正で新しく漁業法をつくるときに、ヨウ博士は「それは個人に認可を与えるべきだ」と主張。当然、漁協は猛反対。このとき担当事項ではなかったのに石原先生に言われてわたしは行動していたが、やっぱりわれわれの無理な主張は通らなかった（笑い）。「自分たちはなにもしないで、業者に漁業権を貸して漁場料だけとろう、というような制度は、新しい民主国家の法律では考えられん」と言われた（笑い）。

アン　彼らはアメリカの民主主義概念で全部日本をかえようとしていたから。

宮原　そう、徹底的にね。そういうことで、いろいろと抵抗してみたけど、みんなダメでした。

アン　歯の立つ相手ではなかった……。

宮原　そのとき石原先生は三重県漁連の会長で、しかも衆議院水産常任委員会の

進駐軍と漁業権の交渉のお手伝い。

委員長でした。漁業法制定の衆議院本会議の水産常任委員長報告で、「全国の漁民に陳謝する。法律は水産委員会で可決されたが、委員長個人としては反対である」と演説したもんだから、もう大問題。委員長が行う国会審議の報告で、そんなことは前代未聞ですからね。懲罰やら不信任やらで大混乱でしたよ。そういう騒ぎを平気で起こすような人でしたな。

アン　古き良き時代のサムライ。

宮原　「漁港法」も議員立法で石原先生が委員長でつくったんです。そういう豪傑でした。さっきも言ったように、体は小さい人でしたけど。

アン　若いときにそういう人が身近にいると、自分の磨かれ方が違ってくる。

宮原　違ってくるね。その石原先生は、九十一歳で漁連会長をやめた。

アン　九十一歳まで！　日本は〝老人支配の国〟。これはわたしの持論のひとつなんですが、それにしても、すごい人！

宮原　一年に三回か四回、わたしが東京の石原先生のお宅へお邪魔して、経過報告するの。「今、こういうことやっています。漁連はこうです」と。

アン　実質的に宮原さんが三重県漁連の実権を握っていらっしゃったのは？

宮原　石原先生が、三重県漁連会長をやっていらした昭和二十二（一九四七）年からちょうど二十年間。

アン　「早く引退してくれ」なんて、思わなかったですか？

宮原　ハッハッハ（と大声で笑いながら）思わない、思わない。仲が良かったもの。

アン　「早く引退してくれたら、自分がトップになれるのに」なんて、わたしだったら思っちゃいそう（笑い）。

宮原　そんなことより、今テレビでやっている「この紋どころが目に入らぬか！」って言って好きなことが堂々とできましたからね。また、こんなこともありました。あるとき、「会長、たまには宮原君、ご苦労さまだね」とか言ってほしいのですがと申しあげたところ、「君、ぼくにご苦労さまと言ってほしくて仕事をしているのかね！」、さらに、「老いては子に従えというが、君に従わねばならぬようなことがあったかね！」でギャフン。ようするに、楽しく仕事ができたということです。

不肖宮原九一　働き盛りのころ

三重県漁連専務のわたしが漁済連理事。そして、県漁連の会長へ。

宮原　昭和三十九（一九六四）年に、中央団体の全国漁業共済組合連合会（漁済連）をつくったとき、石原会長がその系統団体の三重県の会長に就任しました。でも、もうご高齢だから、「漁済連には、わたしが行きます」って言って、わたしはその当時、まだ県漁連や県共済組合の専務でしたけど、漁済連の理事に就任したんです。たかが三重県漁連の専務が、全国組織の理事（笑い）。

アン　県の専務が全国の理事になるなんて、年功序列型社会の日本では、あんまり考えられないことですね。エボリューショナリー（革命的）ですね。

宮原　「あのおじいさんでは無理だからあんた、やれ」って言われて、ダメもとでお願いしてみた。よその県もみんな役員のポジションをねらっている中をかいくぐって、昭和四十一（一九六七）年から漁済連の理事になりました。昭和四十四（一九六九）年には正式に石原会長からバトンタッチをしてもらって県漁連の会長に就任。そういう経過をたどってみると、なんかひとつのレールの上に乗って走ってきたような感じがする。

MIYAHARA'S KEY WORD 117
わたしの経過をたどってみると、なんかひとつのレールの上に乗って走ってきたような感じがする。

国会議員とのおつきあいの中で。

宮原　そんな感じで漁連の仕事を全部させてもらったことが、幸運につながっていったんです。なによりまず人脈ができたということ。それともうひとつは、前にも話した選挙の関係です。わたしが落選した県議会選挙は、自民党対無所属の対決でした。自民党の総大将は衆議院議員の田村元先生。のちに衆議院議長になった人です。わたしより、ななつ若いんですけど、親父さんも国会議員で、若くて元気があってね。全国の水産関係の連中も田村先生へ、いろいろ頼みにいっているような、すごい立場の人でした。先生はわたしの対立候補の野中林兵衛を応援しました。野中さんとは子どもの時代から兄弟のようにして育ったんですがね。先生は野中の応援演説をさせるために建設大臣をはじめ、当時の大臣を入れかわり立ちかわり連れてきて、結局、二週間の県会選挙に五人も呼んできました（笑い）。山と土木関係の大物を全部連れてきた。こっちは漁師だけで戦った（笑い）。

アン　そして、敗北（笑い）。

宮原　落選後、「頑張ったけど負けました」といって田村先生のところへあいさつに行きました。そしたら彼曰く、「この借りは、絶対かえす。あんたに申し訳ないことをした。だから、水産のことで困ったことは言ってくれ。わしがかならずなんとかする」と言ってくれた。

MIYAHARA'S KEY WORD 118
対立候補は、当時の大臣を入れかわり立ちかわり連れてきて、結局、二週間の県会選挙に五人も呼んできた。こっちは漁師だけで戦った。

中曽根元首相に陳情したこともある（真ん中がわたし　その右が中曽根元首相　右端は藤波先生〔三重県選出国会議員〕）

アン　すごい人ですねえ。大物。

宮原　この田村先生との関係は、あとで全国のいろいろな漁業関係の仕事をしていくための大きな〝柱〟になりましたね。それともうひとつ。当時は「宮原はまだ浜地先生の傘下にいる」と思っている人が、たくさんいた。浜地先生が公職追放を終えて、再度、衆議院選に出馬することになったとき、また浜地先生と石原先生とは、ケンカ状態になったんです。石原先生は七十七歳で三回目の当選を果たして、大分勢力を伸ばしとったわけです。ところが、石原先生は高齢ということもあって、その選挙で浜地先生が勝ってしまった。すると、「やっぱり宮原は浜地の配下だった」という噂が流れて、まいった……いやあ、選挙というのは、むずかしいものです。

アン　ほんと、ドロドロしてそう。

宮原　のちに内閣官房長官になった藤波孝生先生が、当時、県会議員だったんですが、浜地先生が国会議員を辞めるときに、かわりに衆議院へまわられました。わたしも一回県議会議員をやったら衆議院に行くつもりでその地盤をねらっておったけど、負けたから、もう断然、人生が狂ってしもうた（笑い）。

アン　しかし、日本の漁業界のためには、落選されたほうがよかった（笑い）。

宮原　わたしが落選したことで、藤波先生の中には、「宮原のかわりをわたしが引き受けたんだ」という気持ちがあったわけです。ですから立場は違っても、水産問題については田村元先生が、そのほかの問題については藤波先生がわたしを助けてくれました。

アン　日本のトップ層——権力社会の内側を、こんなにたんたんとお話しいただけるなんて……わたしの日本学研究のためには、本当にありがたいと思ってい

MIYAHARA'S KEY WORD 119
一回県議会議員をやったら衆議院に行くつもりでその地盤をねらっておったけど、負けたから、もう断然〟人生が狂ってしもうた。

MIYAHARA'S KEY WORD 120
昭選挙のとき、「あいつは田村派」「こいつは藤波派」と両派に色分けされる中、わたしはこうもりみたいなもんで両派の味方。

ます。かねてから、日本の中央と地方の持ちつ持たれつ——こういう言い方をしたら怒られるかもしれませんが、〝日本独特の密着度〟にわたしは、わたしが日本のことを研究している過程で、注目してきたのですが、大変勉強になるお話です。

宮原　おふたりの有力な国会議員と昵懇《じっこん》であったことで、わたしは大変恵まれた状態で中央における仕事をすることができました。水産関係はわたしがいろいろ田村先生に相談して、応援してもらった。わたしは早くから、水産庁の小さな公共事業である漁港と漁場の整備は、一本化してやらなきゃいかんと思っていました。ずっと、漁港と漁場とは、〝べつべつの水産業界〟のような形で縦割り主義でしたから。田村先生に、「先生、それをまとめてやってくれ」と頼んで、両方の議員連盟の会長をしてもらっていたわけです。そして、田村先生と一緒に大蔵省へ乗り込んで、長期計画の投資額を決めてもらったほか、いろいろお世話になりました。

アン　このへんは策士宮原九一という感じですね。

宮原　いや、純粋にお願いしただけです。田村先生と藤波先生は、選挙区が同じ。同じ自民党だから、表面的には仲良くしてるけれども、選挙になると、票のとりあいでケンカになる。そういうことで、どうしても自然の成り行きで、「あいつは田村派」「こいつは藤波派」と両派に色分けされる中、わたしはこうもりみたいなもんで両派の味方（笑い）。

アン　フッフッフ、策士宮原、ただ者ではない……なんて、小娘が生意気な言い方をしてすみません……でも、このへんが宮原さんのすごいところ。

宮原　三重県内には選挙区が二区あっ

た。社会党には角屋堅次郎先生がいまして、わたしはこの人の後援会長みたいなこともしていました。というのは、全国の社会党の中で、「水産関係の責任者」が、角屋先生だった。水産の法律を通すときは、これは全部といっていいくらい全会一致で通すことになっておりました。野党は角屋先生が社会党を押さえている。それで政府案に賛成していただくという、そういうシステムになっていたんです。その連絡役でわたしが、角屋先生に、「上手にまとめてください」って、いつもお願いしていました。それで選挙になると角屋先生に相当の票をまとめて応援しなければならないわけです。

アン　でも宮原さんのお立場って結構大変ですよね？　中立を守りながら、いろんな政党の政治家とつきあって調整し、かつ自分の理念にもとづいた水産関係の〝施策〟を促進させていくのって。

宮原　いつの間にか、与野党を問わず、こうした有力な国会議員との交流が、わたしの〝力〟になってきて、むずかしいことは、どなたに頼めば好都合といった考えで、自然に浮かんでくるんです。

アン　いや、政界とのこうした関係を、ここまで深くお話しいただけて、興味がつきません。

宮原　石原会長の下で働いているあいだに、自然にそういうことになっていったんです。なんにせよ、こうしたことすべてが、わたしの背景になったと思いますし、水産業全体にとっても、プラスだったと思いますね。

田川知事誕生顛末《てんまつ》記。

宮原　昭和四十八（一九七三）年の知事選挙のことも、お話ししておきましょう。前の知事は田中覚さんで、最初は農林省から三重県に出向してきて、のちに知事になった人で、十七年間、知事をやっていた。当時の三木武夫副総理が田中さんを口説いて、「衆議院に出よ！」ということで任期途中でしたが衆議院に鞍がえした。そこで、知事選挙になって、田川亮三元副知事と四日市市長の九鬼久喜男さんとの対決となった。

アン　さあ、今度は地方選挙のインサイト・レポート――引きつづきドロドロ話ですね（笑い）。

宮原　そもそも田中知事の選挙のときに、水産はその代表者である石原円吉会長が、ほかの人を応援して負けたという経緯がある。そのお先棒を担がされたのがわたし。

アン　いつものように……（笑い）。

宮原　そんなわけで、田中県政では、水産は冷や飯を食っとったわけです。知事候補になった田川さんは、田中知事が農林省から引っぱってきた方で、課長時代から目をかけて副知事にまでしたんだけれども、田川さんの人望が高くなってきて、「田中さんと交代してもらおう」っていう話が持ちあがってきた。この話が出たころは、まだ田中さんは衆議院に出る気もないころで、「これはまずい」という

MIYAHARA'S KEY WORD 121
「選挙準備でつくった借金で相談されたんだけど「そりゃ、あんた、いったんは決心したんだから、ここは一番、借金してでも返さなしょうがないわな」って言った。

ことで、田川副知事を三重テレビの副社長に出してしまった。そうしたら、わたしのどころへやってきて、「田川さんを一期で副知事やめさせちゃダメだ。当然、二期やったあと田中知事からバトン・タッチしてもらえると思ってた」とか、「田川さんを民社党から衆議院に出させろ」とかいって、いろいろ画策する人がおった。「県漁連の立場で、民社党の候補者を押すわけにいかんので、内面的な協力はするけれども、組織をあげてってのは、まずい。いろいろ複雑な関係もあり、今自民党とケンカするのはまずいから、その点はこらえてくれ」っていう話をした。そうこうしている最中に田中さんが辞めるということになった。民社党から衆議院に出ようとしたのを急遽鞍がえして、県知事に出ると言い出した。

アン　田川さんが？

宮原　ええ。こら、また、えらいことや。民社党が、蛮勇ふるって、ここまでの段階の準備運動に相当の費用を使ってしまっていた。「民社党から抜け出して、ほかから知事選に出るのなら使った運動費を返せ！」って騒ぎになった。

アン　ハッハッハッハ（アン、おお喜び）。

宮原　そんなこと言われたって、こっちはね……本人が、わたしのところへ泣いてきた。わたしは、「そりゃ、あんた、いったんは決心したんだから、ここは一番、借金してでも返さなしょうがないわな」って言った。そして、いろいろやりとりがあって、結論として、「それじゃあ、ま、もう、今度はしょうがない。そういうことなら応援する」ということにした。農協は農協で、副知事時代に田川さんにお世話になったもんだから、組織をあげて応援するということで固まった。選挙のための組織をつくって、農協、漁協、それから中小企業、それに建設——もう三重県の総力をあげるような形で選挙態勢を組んだ。組んだところへ、突然自民党が、当時の四日市市長を推薦して送り出してきたわけよ。そして、こっちの組織を全部切り崩しにかかった。「自民党推薦かつ田中さんの後任」ということで、応援団はみんな四日市市長のほうへ逃げていった。残ったのは、通称・三教組——三重県教職員組合だけ。中学校と小学校の先生を集めた組織なんだけど、彼ら、結構、力があってね、その組織ひとつだけが残った。それとわたしの率いる漁連だけ。

アン　あとの組織は、われ先にみんな逃げちゃった！（笑い）。

宮原　そう、スーと逃げていった（笑い）。田川さんに、「三教祖とおれのとこだけで推薦しても、当選させる自信はない。自民党とケンカして選挙することも、ちょっと考えないといけない。もちろん応援はするけど、こういう情勢下でどうするか、あんたが決心したほうがいいよなあ」って言った。

アン　まともに戦ったって、勝てっこないですもんね。

宮原　ええ。農協や企業の大物連中全部が敵にまわった四面楚歌の中で、田川さんは立候補をいったん断念したんです。それでわたしは急遽、組合長会議を開いて、「こういう事情で、田川さんは、立候補を断念することとなった」と報告した。そのときすでに組合長会議で田川さんを推薦することは決まってたんでね。「あとは自由投票」と宣言した。それまでわたしの娘をはじめ、まわりの者は、みんな田川さんの選挙事務所に、応援に行っていたんです。それで、選挙用の看板からなにから全部、破ろう、捨てよう、というときに、娘が反対して、「どうなるかわからんから、もう二、三日とっておき

MIYAHARA'S KEY WORD 122
「玉砕覚悟でやられたんでは、応援するほうも困る。『なんとしても、頑張って当選を期する』ということでなかったら応援できんやないか」

MIYAHARA'S KEY WORD 123
女房に、「うちにある金を全部出すぞ！」って宣言してね。

ましょう」と言うので、そうすることになった。そしたら翌日、田川さんが、「一晩寝ないで考えたら、やはり、じっとしているのも悔しい。玉砕覚悟でどうしても出る」と言い出した。それでうちへやってきて、わたしもまた応援することになったんです。選挙事務所も撤収しかけていたんやけど、娘のひとことで、いろいろ残していたポスターや看板が役に立つことになった。「田川さん、玉砕覚悟でやられたんでは、応援するほうも困る。『なんとしても、頑張って当選を期する』ということでなかったら応援できんやないか」と言うと、「わかった。じゃあ、頑張ろう」と彼が言った。それで、わたしは女房に、「うちにある金を全部出すぞ！」って宣言してね。

アン　ワーォ！　どれぐらい出したんですか？　内緒にしているんでしょうけど(**笑い**)。

宮原　たいしたことないよ、五十万円切っとった(**笑い**)。それをポケットに入れて、田川さんが県庁前で一日遅れの第一声をあげるときに、そこへ駆けつけていった。彼が立候補の挨拶をすると、県庁の連中はみんな窓を閉めて、それでもちょこっと開けてのぞいたりして……結局、この知事選で県庁職員の中のおもだった者で田川さんを進んで応援したのは三人だけ。

アン　おもしろいお話！

宮原　権力とケンカをすることになったわけですから、そりゃ、おもしろい。

アン　しかし、宮原さんも、ここ一番というときには、ほんと、断固やりぬくお人ですねえ……だから、今日の宮原さんがあるとも言えるけど。

宮原　そのとき田川さんの横についておったのは、わたしだけ。ポケットのお金を、「少ないけど用の足しにして」って渡しました。

アン　あり金を全部。

宮原　そしたら、まわりのみんなが、「田川県政の実現をめざして」とかいうて、その金で無駄食いしてしまった（笑い）……ほんと、あのときは、苦労した。相手方の参謀は、因縁の田村先生や。その田村先生が、「うちの選挙事務所に、いっぺん来てくれ」って言った。その時分、三重県の代議士は、定員九人中七人が自民党だった。彼らが総力をあげて前四日市市長を推薦することになったから、有力団体の応援、推薦は全部とりつけたのに、「おまえのところだけ残っとる」ということで呼びつけられたわけです。「なんで敵の選挙事務所に行かなきゃいかんのや？」と思ったけども、とにかく出かけた。事務所へ行ってみると、自民党の代議士が六人座っていた。田村先生が、「自民党の代議士起立！」って言うと、みんな立ちあがって……「きみ、なにをやらかしちょる！」ってわたしに言うんで、仕方なく、「憎っくき候補の応援をやめます！」って言ってね。

アン　ハッハッハッハ（アンおお受け）。

宮原　もう、ひどい目に遭った（笑い）。「ことのいきさつ上、おれは自民党の防波堤になっとるから、おまえら、勝手に応援してくれ。自民はおれひとりで食い止める」ということになった。

アン　宮原さんのお話を聞くと、いったん決めたことは、そのまま貫くっていうか。そのへんがすごいですね。普通は負けそうな人を、なかなか応援しないじゃないですか。人間は勝つほうに、かならずずっていっていいほど身を寄せてしまう性癖があるんだけど……。

宮原　うーん……あんまりそういう、自分の人生について、かたくなな考え方なしに、そのときそのときにあわせて対応

MIYAHARA'S KEY WORD 124
「選挙を勝つにはどうすりゃええか」と思って考えついたのが、「四日市の公害を三重県中に広げるのか?」というキャッチ・フレーズ。

してきた、ということなんと違うかねえ。

アン　でも、ある程度の信念がなければそうやってフレキシブルになれない。たとえば自分の家計から五十万円の貯金をおろして、負けそうな人のポケットに入れるとかいうことは、普通の人には、ちょっとできない。

宮原　そりゃ、たしかに、確固たる信念は、なきゃあいけませんね。

アン　話を横にそらせて、すみません……それで、選挙はどうなりました？

宮原　まあ、そんなてんやわんやの状態でやってるうちに、「選挙を勝つにはどうすりゃええか」と思って考えついたのが、「四日市の公害を三重県中に広げるのか？」というキャッチ・フレーズ。

アン　うまいキャッチ！（笑い）。

宮原　「自分のところの公害処理もできないような人が、三重県知事になったら、三重県中が公害で大変なことになるぞ」って言ってまわった。いい加減な話ですが、一度選挙に負けていますからね。

アン　環境を選挙の武器というか、道具として使うということには、違和感みたいなものが、ありませんでしたか？

宮原　選挙って、そんなもんですよ。

アン　どのへんで形勢が逆転したんですか？

宮原　中盤から。自民党にしめつけられている連中も、どんどんかわってきた。だから今度は逆に強気に出ることができた。たとえば長島の町長に、「天下の情勢をわかってますか。今やわがほうの勝利に情勢は流れてるのに、自民党の言うことばかり聞いとったら、あとあと大変ですよ」って電話したりして（笑い）。

アン　いや、よく人間の心理をつかんでますね（笑い）。

宮原　結局、ふたを開けてみれば大差で田川さんの勝ち。その結果を分析したん

蓋を開ければ大差で田川さんの勝ち

だけど、教職員組合がＰＴＡなどを通じて、そうとう頑張ったらしい（笑い）。学校の先生たちの運動が功を奏したんです。

アン　子どもから親へ、っていう戦略ですね。環境をテーマにした選挙だったから、教育関係者も、熱心になったという図式ですか……それにしても、すさまじい知事選でしたね。

田川知事（左）とわたし

知事選に田川さんが勝ったあと「三重県産業人懇話会」を結成。

宮原　知事選にわがほうが、勝ったもんだから二日目に、組合長会議を開いて、田川知事に来ていただいて、簡単な言葉だけのお祝いをしました。その帰り際に、選挙中の情況を報告して、「県庁の水産担当で、選挙で苦労した人をぜひ秘書課で使ってやってくれ」って頼んだ。そして彼を秘書課に入れ込んだの。数少ない田川支持にまわった県職員のひとりですがね。その人は、どんどん出世して、最後は副知事になってしまった。

アン　本当に!?　自分の兵隊をうまく送りましたね、中へ中へと（笑い）……このへんの宮原流儀は、すごい。宮原さんがやり手であることは、よくわかっているつもりですが、この気配りは並ではない……当選に力を貸すだけじゃなくて、アフター・ケアーまで、しっかりおやりになる緻密さに感心します。

宮原　それはちょっと違います。わたしが見込んだことは事実ですが、県政のために十分役に立つ人だからということで、まったく当方に野心はなかったね。それで、浮ついた人気だけで知事が務まるわけじゃないと思ったから、わたしが檄を飛ばして、知事を支援、応援し、かつ知事に相談できる場として「三重県産業人懇話会」という私的な会をつくった。三重県を代表する社長たちの会社をひとりでまわって、「ひとつグループに参加してくれ」って頼んでね。政党色は抜きにして、企業人だけでつくった会で、月一回、知事を囲んで県政についての意見を言ったり情報をもらったりしました。

アン　どうして産業人だけに限定されて集められたんですか？

宮原　そういう人が次の選挙で働いてくれると思ったし、水産という狭い範囲だけでなしに、県下全体の問題についていろいろものを言えるような人とのつながりが必要だったから。

アン　よく考えていらっしゃる。

宮原　三重県の公害対策も、田中前知事の跡を継いで、わが国の先導的な政策を展開した。そのためにも、「産懇」の存在が非常に役に立ったと思っています。

MIYAHARA'S KEY WORD 125

三重県の公害対策も、田中前知事の跡を継いで、わが国の先導的な政策を展開した。そのためにも、「産懇」の存在が非常に役に立ったと思っています。

「三重県産業人懇話会」のメンバー（前列左から２人目がわたし）

「協同組合の政治的中立」は、嘘。田川知事の相談役だったわたし。

宮原　とにかく、なにかあると田川知事がわたしに相談に来る。そのときに、わたしはいろいろ意見を言う。わたしはこんな男ですから、言葉づかいも乱暴だし、「いや、それはあかん」「それは無理だ」って、なんでも、素直に言ってしまう。そんなときでも、田川さんはあまりしゃべらない。だから相談ではなく、わたしの毒舌を聞きながら心を和らげるというようなことが多かったですね。

アン　でしょうね（笑い）。

宮原　ほかには、ブラジルでの調印式に田川知事についていったり、中国にお供させてもらったりしました。そういうときの相談も事前に受けました。わたし自身は、たいした知恵はなかったけど、なぜか相談を受ける立場だった。そういう経過があると、なにもしなくても、「田川知事にものが言えるのは宮原だけだ」ということになってくる。「むずかしいことがあったら宮原を動かせばいい」という空気が自然に広がって……県庁の職員をはじめ、それまで全然会ったことがない人も、わたしを大切にしてくれた。ちょっとなにかがあって、県内のどこかへ行くと、大変な歓待ぶり（笑い）。

MIYAHARA'S KEY WORD 126

田川知事がわたしに相談に来ると、わたしはいろいろ意見を言う。こんな男ですから、言葉づかいも乱暴だし、「いや、それはあかん」「それは無理だ」って、なんでも、素直に言ってしまう。

中国にて（左がわたし）

アン　お得な人（笑い）。

宮原　これまで冷や飯を食わされている立場だった水産が、農業と入れかわった。田川知事誕生以来、水産は最高に面倒をみていただいたから。予算獲得も有利に働いてる。だから何度も言いますが、「協同組合の政治的中立」っていうのは、きれいごと。「それは嘘だ」ってこと、ぼくは証明できるね（笑い）。

アン　そこまで、はっきりおっしゃっていいんですか……。

宮原　かまわない（笑い）……田川さんの奥さんもブラジルへご一緒したんですが、その奥さんが、ほどなく亡くなられた。それで田川知事も三年ぐらいやもめ生活で、さびしくなるとぼくに電話かけてきて、「おい暇か」って聞く。こっちは「忙しいわ」って言いながら、三回に一回くらい、ゆっくり話を聞きましたわ。「知事に誘われたら、みんな万難を排して飯を食いたいってとこなのに、誘いを断るのは、おまえだけやね」と知事に言われた（笑い）。それで三年ばかり、奥さんのかわりにつきあった（笑い）。

アン　女房役もこなしちゃう（笑い）。

宮原　しかし知事という激務を抱えて独身ってわけにはいかん。やっぱり彼は後添いをもらわんといかんのじゃないか、と思いました。だから一杯飲むと、「この人はどうか？」といろいろ候補者を出しましたよ。ただ、「知事が奥さんをもらうとなると、その一族郎党が利権にからまってくるだろう。だから三重県からもらうのはやめたほうがいい。他県からもらおう」と言いました。そのほうが本人にとって楽だろうと思ってね。

アン　「あなた誰？」っていうような遠い親戚に、まとわりつかれたりして。

宮原　それで結局、大阪の県人会の会長が、お嫁さん候補者を探してきた。それ

MIYAHARA'S KEY WORD 127

「知事に誘われたら、みんな万難を排して飯を食いたいってとこなのに、誘いを断るのは、おまえだけやね」と知事に言われた。

で、田川さんが、「しょうがないねえ、おまえ品定めしてくれ」って言ってきた。その女性は大阪の生駒の付近の方だったんで、有名な奈良ホテルまで、わしがお嫁さん候補と面談に行かされました。

アン　今度は仲人役（笑い）。

宮原　もう大変よ。それでその女性に言いました。「若いときに結婚して、だんだん旦那がえらくなって知事になるのと違って、結婚するとすぐにあんたは三重県知事夫人でファースト・レディや。よほど気をつけないと大変ですよ。二期目の選挙がすぐ目の前だ。二期目は問題ないと思うけれども、三期目は、あなたが奥さんになったら、選挙区をずっとまわらなきゃいけない。そういうことも全部仕事ですよ」と。そうやって知事夫人の心得をいろいろ話してね。

アン　すごいですね！

宮原　結婚式の前に、前の奥さんとのあいだの子ども同伴で、両家族の顔あわせ会をやりました。田川さんの子どもは、女の子がふたりと男がひとり。わたしは途中で適当に逃げた。あとで田川さんに、「どうやった？」って聞いたら、『子どもさんみんなよろしいやないか』って言われた。良かったよ」って……こういうことまでやったのよね。

アン　知事の再婚のお世話までおやりになるほど親密なご関係の話を聞くと、たしかに、「協同組合の政治的中立」なんて、「なんの話？」って感じですね。

宮原　あとからその奥さん曰く、「あのときほど嬉しかったことはなかった」と。

アン　男冥利につきる話ですね。

宮原　田川知事は友達の少ない人だったから最後は、わたしが田川さんの葬儀委員長です（笑い）。

アン　本当に宮原さんは、面倒見がいい。

宮原　ハッハッハ（豪快な笑い）。

問題が起きたら、張り切るわたし。

アン　たまには他人の面倒を見るのがイヤにならないですか？　「もういい！」と思うときって？

宮原　うーん……考えてみると、なにか問題が起きたら、張り切ってしまう。そういう節目節目の危機に直面すると夢中になって張り切る。わたしの人生は、そういう人生やったからね。だからそういうファクターが、ふたつもみっつも重なって、これまでいろいろな仕事がやれきた、ということですかねえ。個別の問題で、その機会を自分でつかんだ覚えはなくて、うまく自然に機会が与えられて、「幸せにしてもらえたんだなぁ」と思います……こんなふうに反省したら、ようやくぐっすり眠れる（笑い）。

アン　でも孤独はなかったんですか？　もちろん、まわりに宮原さんと行動をともにするたくさんの方がいらっしゃったと思いますが、結構、自分で孤独に生きてこられたような気もしますが。「ボスは孤独でなければいけない」って美学もあるでしょうけど（笑い）。

宮原　孤独を感じたことはなかったね。田川さんとの公私にわたる親交もあったしね。どこへ行っても、「会長さん、会長さん」って祭りあげられるのには、参ったけどね。「おまえら、三重県に何人『会長さん』がいるかわかるか？　何十人もほかにいるんだぞ。宮原だけが会長だな

MIYAHARA'S KEY WORD 128

個別の問題で、その機会を自分でつかんだ覚えはなくて、うまく自然に機会が与えられて、「幸せにしてもらえたんだなぁ」と思います……こんなふうに反省したら、ようやくぐっすり眠れる。

MIYAHARA'S KEY WORD 129
「おまえら、三重県に何人『会長さん』がいるかわかるか？　何十人もほかにいるんだぞ。宮原だけが会長だなんて、失礼なことを言ったらまわりの人に怒られるぞ！」

んて、失礼なことを言ったらまわりの人に怒られるぞ！」なんて言いながら……いや、でも楽しかった（笑い）。

アン　どんな状況でも、それを客観視して、状況を楽しむ才能と余裕がありますよね、宮原さんには。

虎の威を借る狐？

MIYAHARA'S KEY WORD 130
本当はわたしは虎の威を借る狐。

宮原　本当のところ、わたしは虎の威を借る狐。田川さんの選挙にしても、彼自身の力で勝ったかもしれないのに、みなさんが、「宮原の力があったから」と思ってくれた。それで、全漁連の会長になってしばらくしたら、田川さんから、「おい、そろそろきみも三重県の公安委員になってくれ」といってきた。公安委員というのは知事が県議会の同意を得て任命できる民間人の最高のポストなんですよ。「ほとんど東京にいるのにできるわけない」と断ったけど、「人間、七十歳過ぎたら死も近い。だが、わしはきみに恩返しをひとつもしていない。せめて公安委員を引き受けてくれ。委員は三名いる

公安委員会決済風景（正面中央に座っているのがわたし）

から、忙しいときは休んでもいい」と言う田川さんに押し切られて、公安委員長にさせられてしまいまいました。公安委員長は県議会に出席して座っていなければならないんですよ。

アン　ワーォ！　宮原さんて本当に三重県の裏のボス。まわりの人たちは、みんな操り人形。言葉が悪いですけど。

宮原　田村先生にも、「宮原に借りがあるから、彼の顔を立てなきゃならん」っていう気持ちが、ずっと残ってたんだよ。田村先生の衆議院の選挙のときには、反田村派を鞍がえさせたりもしたしね。全漁連の会長になったとき、参議院の選挙で農林省から、元事務次官の大河原太一郎さんを推薦してきた。そこで全国の漁連会長会議を開いた。わたしの初仕事は大河原先生の当選を期することです、と見得を切った（笑い）。すると三重県漁連のみなさんが、「宮原会長の顔を汚したらいかん」と死に物狂いで応援してくれて、三万何千票を大河原先生にとってくれた。

アン　わたしはいつも、日本の政治は文楽みたいなものだと思っています。人形は政治家。それを裏で黒子がひもで動かしてる。やっぱり宮原さんは、その黒子のひとりなんだなと（笑い）。

公安委員として歳末とり締まりの警官を激励

人の巡りあわせでは、ついていた。

宮原 わたしが黒子かどうかは別として、とにかく人とのつきあいのおかげで、仕事をするとき助かったということはありますね。どこに入っていっても、みんな知った人ばかりだし。それから三重県庁というのはいいところなんです。県の総務部長ってのは、だいたい大蔵省からエリートが来るんです。総務部長ってのは県の予算を握っている人なんだけど、そういう人と仲良くしていると、漁業の話をして予算をたくさんつけてもらったりできるわけ。昔は今と違って、一杯飲んで、阿吽《あうん》の呼吸でいろいろできたから。

アン 今は、そんなふうには、できない……建て前上は（笑い）。

宮原 で、そういう人が東京に帰って大蔵省の主計官になったりするわけですよ。わたしが全漁連の会長になった翌年に、大蔵省の主計官が挨拶にきてくれたんですが、全漁連の連中はびっくりしていた。会うのにも苦労するような立場の人なのに、まさかむこうから挨拶に来るとは、と。農林省からは農林水産部長とか農政課長とかに出向してくる。わたしが全漁連会長をしてる八年間で、水産庁長官は七人かわった。そのうち三人は、前に三重県の課長をしていました。京谷さん、川合さん、鎮西さん——この三人。みんなそれぞれ個性的な人たち。

アン 宮原さんには、「怖いものなし」っ

MIYAHARA'S KEY WORD 131

とにかく人とのつきあいのおかげで、仕事をするとき助かったということはありますね。

MIYAHARA'S KEY WORD 132

出大蔵省の主計官が挨拶にきてくれたんですが、全漁連の連中はびっくりしていた。会うのにも苦労するような立場の人なのに、まさかむこうから挨拶に来るとは、と。

て感じですね。

宮原　そういうもろもろの人の巡りあわせでは、とてもついていたということを強調したかった。もちろん、わたしが楽するというよりも、漁業者全体が助かったという点でね。

「わたしは人の巡り合わせでは　ついていた」

漁港は漁師の命。

アン　水産庁の話が出たところで、ちょっと、水産庁と漁港のことを、おうかがいしたいのですが。

宮原　ちょっと前まで水産庁に漁港部というひとつ〝独立した島〟みたいな部門がある。ここは、勢力絶大。水産庁にくる陳情の大半は漁港部にやってくる。

アン　そうですね。そのことは、漁港部におじゃましたときに、わたしも実感として感じます。

宮原　それくらい、「漁港をつくってほしい」という要求が多いのね。

アン　やっぱり、漁師たちにとって漁港は〝命〟ですもんね。

宮原　たとえば三重県の奈屋浦漁港。「くまのなだ漁協」という合併した大組合の中心になっているところで、アンさんにも、ぜひ現地を見てもらいたいねえ。ここはわたしが若いころは、まったくの寒村でした。V字型の湾で、すぐに外洋から大波が押し寄せてくる場所に漁港をつくって、今は三重県ナンバー・ワンの漁港になりました。漁業生産もトップ。漁港を整備すれば漁業や漁村が立派なものになる好例ですね。あと神島という三島由紀夫の小説『潮騒』の舞台になったところがあります。この伊勢湾の入り口の孤島の漁港整備に四十何億円をかけた。

アン　すごい額ですね。

宮原　三島由紀夫（本名　平岡公威）が『潮

漁港は漁師の命。

MIYAHARA'S KEY WORD 133

漁港は、要所につくると船は来るし、新しい漁師も増える。整備された漁港づくりは、非常に大事なことです。

騒』の執筆のとき、彼のお父さんの平岡梓さんが以前水産局長だったご縁で、現職の水産庁長官が、「島で小説を書きたいから、宮原に頼んで紹介してもらいたい」って言ってきたので、わたしがこの神島の組合長に、「わたしは直接会ったことはないけど、作家の三島由紀夫さんに頼まれたんで、あんたのところでお世話してやってくれ」とお願いした。三島は、その組合長の家に二週間くらい泊まって小説を書きました。この島には、そんなエピソードもあります。

アン　わたしも、三重県のいくつかの漁港を社団法人全国漁港協会会長であり、この本の監修者でもある、坂井淳さんに、ご案内いただいて拝見いたしましたが、たしかに三重県の漁港は、整備されていますね。荒れた漁港は、ゴミが散乱していて、退廃ムードが漂っているのですが、三重県には、そんなところはない。

宮原　漁港は、要所につくると船は来るし、新しい漁師も増える。整備された漁港づくりは、非常に大事なことです。三重県はリアス式海岸で入り組んでいて、海岸線の長い県で熊野の端、和歌山の県境から愛知の県境までの海岸線は一〇七〇キロあります。直線にしても、五、六〇〇キロはあるでしょう。そういうところの浦浦に、みんな漁協がある。あいだに山を挟んでいるから、なかなか漁協合併も進まない。一見しただけで、「景色はいいけど、なかなか大変なところだな」とわかると思います。浦浦の要望が強いから、漁港をつくってもらうために町長が日参して陳情せないかんかったね。水産庁も騙《だま》された顔をして漁港をいっぱいつくってくれた。みんなわかったうえでね。とにかく、水産庁の仕事の中では、人のつながりがあって、おかげさまで全漁連も潤ったわけです。

鈴木大先生（左）とわたし

水産界の巨頭鈴木善幸大先生のこと。

アン　最新の話題ですが、全漁連ご出身の鈴木俊一さんが環境大臣になられましたね。

宮原　鈴木善幸大先生（元内閣総理大臣）ご一家とは、家族ぐるみで親しくおつきあいいただいております。大先生とは戦後早い時期から、水産を通してご指導いただき、また亡妻は若いとき、奥様からいろいろお教えいただきました。長男の邦之は全漁連で鈴木俊一新環境大臣とお友達といった関係で、今度の大臣ご就任に、ご本人ではなく大先生に祝電を差しあげたようなわけで……こういうのって、親の気持ちというのですかなあ……。

アン　親子二代にわたる友情なんていいですね。

宮原　わたしどもの身内のようなところから若い大臣が誕生するなんて感激です。実は、わたしが全漁連会長のとき、大先生のお話もあって、昔のご縁ということで失礼をお許し願いますが、鈴木俊一君を会長の秘書役として発令したんです。

アン　そのときの鈴木善幸先生のお立場は？

宮原　自民党の重鎮でしたが、まだ総理大臣ではありません。

アン　それにしても使いづらいとか、いろいろ大変だとか？

宮原　大変だと思わなかったといえばウソになるかも知れませんが、正直あまり抵抗感はなかったんです。言うなれば、自分が決めたことですから。発令した直後「鈴木君が小学校に入ったころ、お父様はどんなお立場だったかねえ？」と聞きました。そうしたら、自民党の三役で、総務会長だったとのこと。ああこれはあかん。生まれたときから、まわりからちやほやされて、と思ったんです。そうしたら、あにはからんや、彼はそんなことは一切心配ない男で、子供心に父親をそんなにえらい人という意識を持っていなかったんですよ（笑い）。

アン　鈴木善幸さんご一家の皆さまのお人柄が偲ばれますね。

宮原　それから約三年、外回りの仕事のとき、ほとんどわたしと一緒に歩いて見聞を広めてもらうようにしました。まもなく大先生が総理大臣にご就任され、その日のうちに経堂のお宅へお祝いに参上しました。そのとき夕刊に奥様の感想が載っていましてね、「主人と結婚したときには、全漁連の会長ぐらいにはなるかもしれないとは思いましたが、総理大臣になるなんて、夢のようです……」とね。その全漁連会長がお祝いに駆けつけた訳ですから、奥様の第一声、「あら、宮原様！　新聞ご覧になりました？　本当にすみません！」大笑いでお祝いに幕（大笑い）。

アン　そのとき、総理大臣は？

宮原　もちろん、お留守。その後、水産関係者主催による総理大臣ご就任祝賀会がありましたが、わたしが乾杯の音頭をとりました。鈴木善幸大先生は、三陸山田の網元のご出身で、昭和八年の三陸大津波の悲惨さを経験され、また世界大恐慌の下での漁村の困窮などの体験から、漁村を救い少しでも豊かにするために、水産技術者の道を進み、やがて政治家の道を選ばれましたが、ライフ・ワークは「漁業漁村振興」です。このことを存じておりますので、総理の立場になると、水産にだけ肩入れは、むずかしいと思い、大先生のお気持ちを汲み「誰か故郷を想わざる……」の前置きを言って乾杯した覚えがあります。こんなことしゃべり出したら切りがありませんねえ。

アン　わたしには、鈴木善幸さんと宮原さんとが重なって見えるところがあります。

宮原　あるとき、慶応病院入院中のわたしに、現職の総理大臣が見舞にこられて、病院中おおさわぎをしました。そのときわたしは、「先生そろそろ俊一さんにバトンを譲られるお考えはないんですか」とおそるおそる申しあげたんですよ。

アン　おお、またまた勇気あるご発言！

宮原　大先生が、「うん。それで君に頼みがあってね、たいした病気ではないと知っていたがお見舞にきたんだ。ぼくが国会に出たのは三十六歳。この歳まで息子はまだ二、三年あるんだが、けっして遅くはない。わたしの選挙地盤は老化してきているので、今のうちに活性化しなければいかん。ついては、秘書の俊一に暇を出して欲しい。もちろん、全漁連も退職させて、岩手に居を構えさせたいんだ」と言われました。

アン　これもひとつの歴史的決定の瞬間！

宮原　なるほど、えらい方は読みが深い。つまらぬことを言うのではなかったと反省しました。俊一君は次の選挙に出馬、トップ当選。その後、次々に主要なポストを経験して、今や四十九歳で環境大臣。わがことより本当に嬉しいかぎりです。

アン　水産界にとってもおおきな励みになりますね。おめでとうございます。

「豊かな海づくり大会」顛末談《てんまつ》 その一。
皇太子殿下のお力を借りることで
開催決定！

アン 宮原さんの一生を振り返ったとき、「全国豊かな海づくり大会」のことに触れておかないと片手落ちになると思うのですが。

宮原 「海づくり大会」というは、要約すると「資源問題と環境問題」につきる。わたしが昭和五十五（一九八〇）年六月に全漁連の会長になったその年の十月に代々木の青年会館で、「漁船海難遺児育英会」の十周年記念式典がありました。この会は鈴木善幸先生と先代の全漁連及川会長がつくった団体です。交通事故で死んだ人には交通遺児に対する支援措置があるけれども、海難事故には制度的支援がなにもないのは良くない。海難で亡くなった人の遺児を育英していこうという発想でした。

アン 考えてみれば、あって当然のものですね。それまでないほうがおかしかった。

宮原 その育英会の十周年記念式典を催して、皇太子殿下・美智子妃殿下にご臨

昭和55（1980）年8月30日　漁船海難遺児育英会10周年で協賛団体代表として挨拶（左は鈴木善幸先生）

席いただきました。海難遺児の作文などをお聞きいただいて、お帰りのときにわたしたちがお見送りしたら、皇太子殿下が足を止められて、「もう少しお話を聞かせてほしい」と言われたんです。「連絡しますから、一度東宮へ来てください」と。

アン　はあ、すごいですね。

宮原　それで、一か月後くらいしたらお呼びがありました。それで海難遺児の経過など、いろいろと話したときに、「わたしから、ひとつお願いがあります」ともうしあげたのです。

MIYAHARA'S KEY WORD 134

出皇太子殿下といろいろと話したときに、「わたしから、ひとつお願いがあります」と言ってしまった。

MIYAHARA'S KEY WORD 135
「ここはひとつ皇室のお力をお借りして、広い国民運動として『豊魚祭』やっていきたいので、お許しをいただければ具体的な計画をつくりたいと思います」と皇太子殿下にもうしあげた。

アン　なにをおっしゃったんですか？

宮原　「今、海は環境汚染や乱獲で、環境や資源に関わるいろいろな問題が起こっています。そんな状況だから、海難遺児を育英して励まして、『親父のあとをついて漁業をやってみるか』と言うには、いささか、自信喪失しています」ともうしあげた。

アン　ほんと、ものおじしない方！　普通の日本人は、皇太子殿下の前で、そんなことは言えない。

宮原　昔、戦後の早い時期、千葉県と福島県で皇太子殿下においでいただいて「豊魚祭」というのをやったことがあったんですね。先代の石原会長が、衆議院議員という立場で「日本水産資源協会」というのを設立して、その大会を主催したことがあるんです。そこにも二度おこしくださって、そのときわたしはお側で殿下にご奉仕したことがあったんです。それを思い出して、「あのとき、こんなことがありました」なんてお話しもうしあげました（笑い）。そこでわたしも、「全漁連会長として先代の意志を引き継いで新しいことをやりたいんですが、漁業者だけでは誰もついてきません。ここはひとつ皇室のお力をお借りして、広い国民運動としてやっていきたいので、お許しをいただければ具体的な計画をつくりたいと思います」ともうしあげた。「このことは現在、個人的な発想で、まだ水産庁とも組織内でも相談してませんが、いかがでしょうか」とおうかがいしました。

アン　ご反応はどうでしたか？

宮原　おふたりで小さい声で、「どうしましょう」「やりましょう」なんてご相談されておりましたが、その場で即断即決。

アン　それで決まったんですか？

宮原　「それはいいお考えですね」って、皇太子殿下がおっしゃって、それで決まったの。そのとき、東宮の侍従もおられなかった。同席していたのは、秘書とわたしらだけですから、それですぐに水産庁長官を訪問して報告した。「かくかくしかじかで皇太子殿下がご賛同してくださったから、さっそく来年から、なにか有意義な大会を始めよう」と伝えた。長官は、「あんた、えらいことゆうてきたなあ」なんて、あきれてましたがね（笑い）。だけど水産庁にも、来年度に向けてこれといって目玉もなかった。あまり金銭的余裕がなかった来年度予算の中でなにかするならば、いいアイデアだということで、けっこうスムースに決まった。「銭のないときは知恵出さなあかんわなあ」なんて言ったもんです（笑い）。で、「いくらあったら、やりくりできるか」と聞いてきたので、国に一千万円をお願いしました。こうして「海づくり大会」が、始まったわけです。

MIYAHARA'S KEY WORD 136
「銭のないときは知恵出さなあかんわなあ」

アン　そんなにうまくいって、「この話は、はたして本当なの？」と疑問に思った人もいたんじゃないんですかね（笑い）。

宮原　かもしれんね。でも、御所からきちんと水産庁にお話をしてくださっていたので、本気になってくれた。「予算を一千万円とってください。こちらも案を練るから」ということになった。

アン　それで動き出したわけですか？

宮原　一応。でも、まだみんな乗り気じゃなかった。それで実際に予算が決まってみたら五百万円しかなかったんです。わたしは、定置協会や資源保護協会といった、沿岸関係の団体に呼びかけて、準備委員会をつくった。植樹祭のやり方を調べたりもした。あちらは参議院議長が会長だったので、漁業は衆議院議長に会長を頼もうと決めました（笑い）。

アン　それも宮原人事？

宮原　ハッハッハ（と笑って答えず）。

「豊かな海づくり大会」顛末談《てんまつ》　その二。
いよいよ始動。

宮原　さあ、三月末に「海づくり大会」の予算はついた。しかし、どこでやるか開催地が決まっていなかった。三重県ならすぐにできるけど、一番はじめを自分の地元でやるわけにはいかんからね。

アン　さすがに、あからさまですもんね。

宮原　結局、全漁連の池尻副会長が動いてくれた。大分県の平松知事が同窓やから電話して依頼してくれた。それで、大分県が引き受けてくれた。そこで、「衆議院議長が会長。全漁連会長が推進委員会委員長。開催県と推進委員会が主催者。関係団体と主催する地元県関係者が委員」とだけ決めて、具体的なやり方は、「各県は植樹祭などで培った知恵があるから、それぞれで考えてくれ」とお願いした。「はっきり言って、全漁連にはそういうノウハウも能力もないから」って。

アン　大会の名前は、はじめから「海づくり大会」だったんですか？

宮原　最初は「豊魚祭」という名前で大蔵省に案を持っていったら、「こんな時期に、お祭りなんかに援助できるか！」って怒られた（笑い）。それで、また知恵を絞って「全国豊かな海づくり大会」って名前にしました。

MIYAHARA'S KEY WORD 137

最初「豊魚祭」という名前で大蔵省に案を持っていったら、「こんな時期に、お祭りなんかに援助できるか！」って怒られた。

アン　ずいぶんと立派な名前になりましたね（笑い）。言葉をちょっとかえただけで大蔵省には通ったんですね（笑い）。

宮原　そうそう（笑い）。それで、第一回大会のときから、大分県民全体に向けてアピールしてもらいました。なんといっても皇太子殿下、妃殿下がお出ましくださる大会ですからね。「これは漁業者だけの大会ではない」ということを広めてもらわないといかんから。もうひとつは、漁業側の目玉として稚魚を放流してもらうことを進めました。一般の人に向けて、「放した稚魚たちが元気よく大きくなるような海の環境を、みんなで守ったり、つくったりできるよう協力してくれ」ということです。漁業者に対しては、「乱獲はやめよう。稚魚を放流して毎年コンスタントな量をとろう」という運動。この話題のはじめに、「海づくり大会」というは、要約すると『資源問題と環境問題』につきる」と言いましたが、わたしの着想を詳しく説明すれば、こういうことなんです。そのころはまだ「栽培漁業」なんて言葉も定着していなかった。国のほうからの予算は、五百万円しかないから、国の施設でつくった稚魚を斡旋するという形で協力してもらうことになった。

アン　現物支給ですね（笑い）。当時の五百万円は、今の貨幣価値に変換するといくらぐらいですかね？

宮原　一～二千万円かな。今でもあんまり金額はかわらないでしょう。役所は、めったなことでは増やしてくれないから。

アン　そういえば、日本のお役所の予算は、一番はじめに決まった額でずっとやっていきますよね。

宮原　最近では毎年、「前年の一割減」とかって節約がかかってね。

アン　「増やしてやる」ってのはめったにない（笑い）。

「豊かな海づくり大会」顛末談《てんまつ》 その三。
大分で始まり兵庫、和歌山、三重……。

宮原　第一回の大分県大会は、式典のあと百トンのカツオ船をきれいに清掃して、それに両殿下と特別の関係者だけ乗っていただき、沖へ出て稚魚の放流行事を行った。地元の漁船が百隻ほど、そのあとをずらずらとついていって……。

アン　壮観ですね。

宮原　殿下の船を見ようと、丘に集まった人たちには、沖でなにが行われているのか、全然見えなかった（笑い）。でもまあ、漁船がワーッと出ていく様は、たしかに壮観なものです。満艦飾で出ていった。ただ美智子さまは船が苦手だったので、もうしわけないことをしました。

アン　でも、お話をうかがっていると、結構、大変な大会（笑い）。

宮原　二年目、「美智子妃殿下は車にお弱い。だから乗用車の移動は一時間程度。遠いところへ行く場合は列車を使うよう配慮していただきたい」と言われた。だけど、「県庁所在地など地方の中心地に限らず、両殿下がご訪問なさったことのないような地域でも良い」とのことでした。「これは素晴らしいことをうかがった」と、そのときに思ったたね。

アン　漁村はものすごく不便なところに

MIYAHARA'S KEY WORD 138
出発当日、大雨で出発が遅れた。わたしたちは羽田で三、四時間ビールを飲んで待ってるわけよ。

ありますものね。

宮原 こういう機会がなかったら、なかなか行っていただけないし、実情もご覧になっていただきたいので、この機会に、両殿下がいらっしゃったことのない、すばらしい場所をセッティングしようと思いました。

アン でも、僻地に行くとしたら乗り物の制限は、むずかしい条件でしたね。それで二年目は？

宮原 二年目は兵庫県が、手をあげてくれたの。

アン 今度は瀬戸内海？

宮原 瀬戸内海は、魚の放流などの資源管理や海洋環境保全の発祥の地なの。だから、そうした意味あいのある瀬戸内の適当な場所を選んで、東宮御所へおうかがいを立てました。すると、「いや、もっと不便なところで、日本海側でも良い」とのお返事だったんです。

アン こうやってお話を、うかがっているとところがあるんですね……両殿下じきじきのご希望だったかもしれませんが。

宮原 それで、兵庫県の日本海側の香住に決めました。香住には皇室の方に乗っていただけるような良い船がなかったので、瀬戸内海からぐるっと船をまわしました。会場に一番近いのは鳥取空港。飛行機をチャーターして、両殿下とその関係者、報道関係者などに、それに乗っていただいて行きました。そしたら出発当日、鳥取の現地が大雨で出発が遅れた。わたしたちは羽田で三、四時間ビールを飲んで待ってるわけよ。

アン 余裕ですね（笑い）。

宮原 機内では両殿下のお座席は一番うしろ。前のほうには、長官やわたしたち関係者。離陸してしばらくすると、ビールを飲んでいたからトイレに行きたくな

MIYAHARA'S KEY WORD 139
トイレは殿下のうしろにあって、「勝手に使ってはならん」と関係者に言われてね。いやあ、死ぬ思いをしたね。

ってね。ＹＳ機のトイレは一番うしろ、殿下のうしろにある。「勝手に使ってはならん」と言われてね。いやあ、死ぬ思いをしたね。乗務員を呼んで、「なんか知恵をだせ」と頼んでね。それで飲み物を出してもらって、機内がザワザワしたそのすきに、サッと行ってきた（笑い）。

アン　ハッハッハ（とおお喜び）。

宮原　鳥取に着くと、両殿下は香住へ船で向かわれるということになっていました。ところが警察と保安庁が意外と仲悪くて、大変だった。さらに、美智子さまが乗り物酔いで青くなってしまわれた。

アン　あら、大変！

宮原　そんなことがあったが、二回目もなんとか無事に終了しました。

アン　三回目は？

宮原　和歌山。大きなカツオ船があるからそれに乗っていただいた。和歌山が終わって、次、四回目というところで、まだ一般的というか、全国的に十分理解されてなかった点もあって、どこも手をあげなかった。仕方ないから田川三重県知事に言って、早めに手をあげてもらって、「準備に入ってもらいたい」とお願いした。準備というのは、三重の漁村においでいただくためには、悪い道路や遅れている漁港、漁村の整備などを進めなきゃならん。そういう波及効果も、わたしのねらいのひとつだったんです。そういう知恵を出さなあかんよね。

アン　さすが戦略家ですね。

宮原　ハハハ。これまでの大会でも、船から稚魚を放流することに関しては、みなさんに大変なご苦労をかけていたので、三重県の大会では新しい方法を考えました。漁港をつくるときに使う土木工事用の大きな作業船、つまり台船を使うことにしました。きれいにみがいた台船を岸壁に停めて、そこから放流するわけ

MIYAHARA'S KEY WORD 140

「じゃあ、残りの半日をわたしにください」と殿下にお願いしたんです。

MIYAHARA'S KEY WORD 141

「なにをする気や」と田川知事に聞かれたので、「おれの生まれ故郷の紀伊長島におこしいただくんだ」と言った。

です。陸上と同じように楽だったので、大変喜ばれました。それと、殿下には通常、二泊三日でおこしいただくのですが、三重のときはもう一泊追加されて、伊勢神宮をご参拝されました。でもそれは半日ですみますな。「じゃあ、残りの半日をわたしにください」とお願いしたんです。

アン　なにごとをなさるときも、いろいろと〝しかけ〟をなさる方だから、宮原さんは。

宮原　「なにをする気や」と田川知事に聞かれたので、「おれの生まれ故郷の紀伊長島におこしいただくんだ」と言った。そしたら、「あんた、それはあかんよ」と警察には怒られるし、田川知事も、「あんたの故郷になんでわざわざ殿下をお連れせなあかんのか」と（笑い）。

アン　田川知事のほうが、正論（笑い）。

宮原　せっかく、この行事を始めて、それを三重県で開催する運びになったんだから、「うちらの田舎の人に殿下を一目拝ませてやりたい」と思ってね。てっとりばやく侍従長へ打診したら、「はい、どうぞ」と言っていただいた（笑い）。

アン　え？　ほんと、ついてますね。

宮原　でも半日といっても一日かかるわね。あのころは特急もないし、鳥羽から長島まで二時間ちょっとかかったのね。それでも、殿下はイヤな顔ひとつなされなかった。長島で、老人施設を慰問していただきました。それと、地引き網を引いて両殿下にお見せしようと思っていたんです。でも現場へ行ったら、すでに水槽に魚が泳いでいて、「これは殿下がおこしになる直前にとっておいた魚です」なんてね（笑い）……そんなに簡単に魚がとれるわけがないのにね。でも強引に水槽の鯛をすくっていただいたりして、とっても印象的でした。

アン　鯛って地引き網でもとれたんでし

MIYAHARA'S KEY WORD 142
なぜかわたしは名誉町民第一号に選ばれたのですが、殿下を長島にお呼びしたことが、大きな選考理由のひとつになったと、あとになって聞いたんですけどね。

たっけ？　でも、地元の方の気持ちはわからなくもない。一番カッコいいところを殿下にお見せしたかったんでしょう。

宮原　これが昭和五十九（一九八四）年のことです。紀伊長島に皇室のほうにおこしいただいたのは、これがはじめて。なぜかわたしは名誉町民第一号に選ばれたのですが、殿下を長島にお呼びしたことが、大きな選考理由のひとつになったと、あとになって聞いたんですが（笑い）。

アン　おもしろいですね。でも最初の三年間、妃殿下は乗り物に弱いのに、なにも不平を言われず、ずっとつづけてくださったというのは素晴らしいことですね。

宮原　ほんとその通りです。毎回前夜祭として、両殿下をお迎えして、地元や中央から来た関係者が集まってパーティーを開催しています。最初の四年間は、漁協婦人たちの手づくりの料理を両殿下がおめしあがりくださって、みんなもごあいさつできました。五年目は北海道。「キリのいい五年目にぜひ開催したい」と早くから手をあげていた。会場はサロマ湖でした。その翌年の皇室の「歌会始め」のお題は「海」でしたが、わたしが今も覚えているのは、『砂州こえて　オホーツクの海ながめたり　サロマの湖に稚魚を放して』という美智子妃殿下のお歌です。それで北海道の大会には、北島三郎に来てもらって、行事が終わったあとに海の歌を歌ってもらっておおさわぎしました。これは、むろん地元の演出で、わたしどもとは関係ないですが。そしたら、あとから、「あれはちょっとやりすぎだ」って注意されました。

アン　ハハハハ。でも、なんか楽しそう。

宮原　次の年は福井県でした。北海道では北島三郎だったから、また演歌歌手の五木ひろしを呼んできちゃった（笑い）。

平成元年（1989年）12月15日　第1号の紀伊長島町名誉町民賞受賞

アン　あれ？　紅白歌合戦じゃなくて「豊かな海づくり大会」では？　(笑い)。

宮原　その次は茨城県。そのときは昭和天皇が崩御されて、皇太子殿下のかわりに紀宮さまが、ご臨席くださって、「良かったです」と言っていただきました。

アン　今や大会はすっかり軌道に乗っていますよね。天皇におなりになった今でも、皇太子殿下に引き継がないで陛下がご臨席くださるんですよね？

宮原　そうです。次の八回目が広島県。天皇陛下がかわられて、皇太子さまに引き継いでいただけるのか、そのまま天皇陛下が、いらっしゃっていただけるのか、わからなかった。その年は、わたしが会長を辞めた年でしたが、新任の会長に、「ぜひとも植樹際と同じように陛下にお願いするように」と話をしました。そしたら陛下が、「この行事はわたしが持ちあがりましょう」とおっしゃってくださった。

アン　陛下も海がお好きなのでしょうね。もちろんこの行事のこともね。

宮原　そのときの広島の県警本部長は三重県でも本部長をしていた人で、陛下が行かれるのが決まってすぐ電話したら、「はい、はい！」って気持ちよく、警備の手配をしてくれた (笑い)。

アン　皇室がお出かけになるときは、警備の方たちは大変ですからね。

宮原　天皇陛下がずっとつづけておこしくださって、現在までつづいています。わたしも一緒におそばでお手伝いさせていただいています。去年は静岡で開きました。

アン　今年で何回目？

宮原　今年は佐世保で第二十二回目。十一月十七日のこの大会は素晴らしい天候と環境に恵まれて大盛会でした。佐世保の次が島根県の浜田、その次が香川。ここまではもう決まっています。

天皇陛下とわたし。

アン　ひととおり各県をまわったら終りなんですか？

宮原　とりあえず琵琶湖のある滋賀県をふくめて海のある都道府県全部で開催するのが目標です。しかしなにぶん地方財政も厳しい時代ですから場合によっては二回目、三回目を開く県もでてくるかもしれません。このあいだ、三重県会議長が、天皇陛下にお目にかかった際、陛下が、「海づくりの運動は三重県の宮原さんが始めてくれたんですよ」って紹介してくださった、なんて言ってました。

アン　ありがたい話ですねえ！　光栄っていうか。陛下ご自身のお言葉ですものね。

宮原　うれしかったですよ。今、長男が全漁連の常務をやっていて、「海づくり大会」の担当事務局長をしておりましたから、昨年の静岡の大会のときに、彼を連れてって、両陛下にごあいさつさせていただきました。陛下には、「よかったですな、あとつぎができて」とおっしゃっていただきました。

アン　今の世の中で「あとつぎ」っていうのはなかなか、できないですもの。

宮原　それでねえ、孫が学習院に通っている関係で、皇后さまにご縁があるの。わたしは皇后さまとは、二十何年前に、漁船海難遺児育英会のことで、はじめてお目にかかってからのご縁ですけども。

MIYAHARA'S KEY WORD 143

三重県会議長が天皇陛下にお目にかかった際、陛下が、「海づくりの運動は三重県の宮原さんが始めてくれたんですよ」って紹介してくださった。

天皇陛下とわたし。

息子の嫁（左）と孫（中央）とともに

アン　お孫さんは、どんなご縁なんですか？

宮原　皇后さまがまだ皇太子妃殿下のとき、学習院の校長に、「子どもたちに、これを読んであげてください」と、その海難遺児の文集をすすめてくださったんです。その話を孫が聞いて、「おじいちゃん、その海難で死んだ子どもたちのこと、学習院の先生が読んでくれたよー」って。

アン　ほんと？　おもしろいつながりですね。

宮原　そのことも皇后様にお礼を言いたいですね。その孫はチェロをやっていまして。ときどき皇室の方がたとご一緒に、学習院の音楽会に出させていただいているの。

アン　そうなんですか。でも宮原さんは子どものころに、大人になったら日本の天皇陛下と親しくなるなんて夢にも思わなかったでしょうね！（笑い）。人生って不思議ですよね、本当に。

宮原　女房が死んだときにも、陛下の代理で侍従さまからお悔やみをいただきました。あとで皇居に御礼のご記帳にうかがいました。

アン　わたし、皇居の内部を一度拝見したいと思っているんですけど、たぶん一生そういうチャンスはないでしょう（笑い）。

宮原　こっそり忍び込む？（笑い）　あるとき、魚類図鑑の出版記念会があって、関係ないわたしに、「すまんが出版記念会の発起人代表になってくれ」って東宮御所から話がきたんですね。「魚類図鑑と東宮御所？　発起人代表？　どうしてそんなことになるんだろうね」と思っていたら、実はこの図鑑に皇太子さまが分類したハゼが二百何種類か載っているんです。だから出版記念会に皇太子殿下がおいでになる。それで、発起人代表になれってね。

アン　本当！　これはいつごろの話ですか？

宮原　全漁連の会長のとき。あれもこれも、「海づくり大会」のご縁で、ありがたいことです。

MIYAHARA'S KEY WORD 144

あれもこれも、「海づくり大会」のご縁で、ありがたいことです。

幸子夫人回想。

アン　最後に幸子夫人のことを、おうかがいしたいのですが……そもそものなれそめは？

宮原　家内は、函館の質屋の娘で、おとなしい女でした。その質屋はわれわれの仲間の学生も利用していましたが、わたしは、ほれ、学資に恵まれていましたから、質屋は関係なかった。当時、わたしの親友が、家内の弟の家庭教師やっていたので、それにつきあって、卒業までに二、三回その質屋へ行ったぐらいかな。

アン　じゃあ、そのころはまったく関係なし。

宮原　三月の卒業式が終わって、みんなそれぞればらばらになるから、函館郊外の湯川温泉で離散会をやった。夜中にタクシーで寮に帰る途中、市内が大火事で大門というところでおろされちゃった。よく見ると質屋の方向で火事——風は反対方向だったので、延焼は大丈夫だと思ったが、とりあえず質屋へ行きました。

アン　このときも幸子夫人と関係ないわけですよね。

宮原　そう、行ってみたら質屋は危険がないとわかりました。でも、おやじがどこかへ出かけていて留守で、女性だけでおおさわぎしていたの。火事はかなりの大火だったので、わたしはとっさの思いつきで、被災者へ今で言う炊き出しを思いついたわけや。質屋は客商売ですか

MIYAHARA'S KEY WORD 145
わたしは、学資に恵まれていましたから、質屋は関係なかった。

ら、こういうときに顧客サービスをする必要があると思ってね。それで女どもへ命令した。「みんなですぐに飯をいっぱい炊いて、握り飯をつくれ。冷や酒でいいからたくさん用意しろ！」とね。

アン　さすが、危機管理の宮原さん、すごい！

宮原　このわたしの命令に、おやじがまいったんだね。その夜は友達と一緒に泊めてもらって、そのときはじめて家内を知ったわけ。

アン　そのときの印象は？

宮原　優等賞の時計をいただいて、みんなにお祝いをしてもらって、翌日は青函連絡船で一路農林省へ、ということで家内などほとんど眼中にありませんでした。そのとき家内は、女学校二年生の十六歳でしたから。

アン　それがどうして結婚につながるのですか？

宮原　お世話になったという気持ちがあったので、三重から丸干しイワシを送ったことがあるんや。あとで聞いたら、それを家内が、「これはわたしのもの！」と言って、誰にもやらなかったそうな。

アン　宮原さんに一目惚れしたのでは。

宮原　それでわたしは農林省から兵隊にとられ、そうこうしているときに、函館の大学の教授が、「ぜひとも質屋の娘をもらってくれ」と連絡がきました。わたしの家のほうは、「なんで、そんなに遠くから嫁さんもらわんならん」って、大反対。

アン　よくわかります。

宮原　軍隊で幹部候補生になって、外泊許可が出たとき、どこへ行きたいかと聞

MIYAHARA'S KEY WORD 146

翌日は青函連絡船で一路農林省へ、ということで家内などほとんど眼中にありませんでした。

幸子夫人回想。

かれたので、「世話になった恩人の葬式へ行きたい」と函館へ行った。そこで結納をやってきた。

アン　葬式を口実に結納？　ちょっと並の人では思いつかない発想！

宮原　それで結婚式は戦争の真っ最中の昭和十八（一九四三）年二月にあげた。下宿先が酒屋だった関係で一升ビンを無理してもらって、その酒持参で春日町の料亭で式をあげたの。両家の家族総勢七人。仲人の教授は連絡船の切符が買えなくて欠席した。そういう時代だったね。そして、昭和十九（一九四四）年に長男誕生。わたしはどこへ行くのにも家族を同伴していましたから、千葉から浜松へ部隊が移ったときも一緒に移動した。前にも話したが、戦争が激しくなって、家内はわたしの郷里長島の実家にはじめて行ったんです。長島ではものすごく苦労をかけたと思います。

アン　戦争の裏舞台で、女の人たちが、大変なご苦労をなさったという話は、農村のフィールド・ワークをやったときに、全国各地のおばあちゃんたちから、いろんな話を聞きましたので、わたしもよく知っています。

宮原　戦後、「三重県に帰れ」と言われて喜んで帰りましたが、戦災を受けた事務所は、最初松阪、次に伊勢、昭和三十五（一九六〇）年にようやく津へと移るという状況の中で、借家探しをはじめ、家内には苦労をかけ通し。本当に良く尽くしてくれました。下の子が生まれたとき、乳ガンと言われて、可哀想だった。

アン　思いどおりにならないこともありますね。

宮原　家内の兄弟は、「幸子は幸福だった。いい人生だったね」と言ってくれています。親族をみんな呼んで、七十七歳の喜寿の祝いを幕張のホテルでやったあ

MIYAHARA'S KEY WORD 147
家内には苦労をかけ通し。本当に良く尽くしてくれました。

MIYAHARA'S KEY WORD 148
わたしはどこへ行くのにも家族を同伴していました。

幸子夫人回想。

MIYAHARA'S KEY WORD 149
いつも自分中心で、いい旦那ではなかったと思う。

MIYAHARA'S KEY WORD 150
いろいろ人生の反省がありまして、最たるものが、家内を早く死なせたことだ、と悩んでいます。

と、一年で亡くなった。わたしは、いつも自分中心で、いい旦那ではなかったと思う。

アン　十六歳で一目惚れして、有為転変の世を、七十七歳まで添い遂げられたなんて、素晴らしい奥様の人生ではないですか。

宮原　わたしもいろいろ人生の反省がありまして、まあ、みんなとり返しのつかんものばっかりなんですが、その最たるものが、家内を早く死なせたことだと悩んでいます。

アン　いじめて死なせたわけじゃないんですから。

宮原　家内は空気みたいなもんでね。自分が仕事をしていれば、あとは家内がちゃんとしてくれる。昔からそんな雰囲気でしたから、家内の心臓が悪いなんて夢にも思わんかった。一緒に上京するとき、近鉄の名古屋の駅から新幹線の駅までけっこうな距離を歩くんです。男の足で七、八分。いつも乗りかえ時間を十分ぐらいみてチケットを買ってもらっていたんです。あるとき、乗りかえの途中で息せき切って、「ちょっと待って!」と家内に言われてね。家内の顔を見ると、ふうふう言って苦しそうなので、「あ、これはいかん」とはじめて思ったんです。ときどき次男がつき添って医者に通ったんです。酸素吸入器やニトロのかわりの薬など見せられても、「そろそろ気をつけなあかんな。これからは家内をゆっくりさせて、食事の用意はわしがやるわ」ぐらいにしか思っていなかったんです。「名医を探して精密検査させよう」なんて思いもつかんかった。自分の心臓が強いから、わからんかったんです。

アン　宮原さんは、体が丈夫ですから。

宮原　家内が死んでもう三年半以上もたちます。ある日、突然緊急入院。ちょっ

家族そろって（前列右から２人目が元気なころの家内）

と良くなって、医者が、「退院していい」と言ったのがちょうど正月前で、「やれやれ、これはやっぱり名医に診てもらわなあかん」と子どもたちに言っているうちに、わたしの留守中にまた入院。そのときわたしは郷里の友人の葬式に出るところでした。あわてて折り返し、かけつけたんですが……。

アン　間にあわなかった……。

宮原　立派な亭主なら、家内の健康にはしっかり気を遣うもんだろ、と思いますね。家の中のことなど、どうなってるのかさっぱりわからず、こんな年になってはじめて思い知った次第で……。このごろは逢う人ごとに、「奥さんを大切にしないと」と言いますね。大切さに気づいたころには手遅れだから。三年半過ぎた今、毎日仏壇に向かってお線香をあげて謝っています。これはわたしの人生の最大の反省ですから。

「蛇足」の章

「宮原流エピソード」あ・ら・かると

■サンマの焼き方■

宮原　子どものときのサンマの食べ方を再現したの。目に尻尾を通して輪にして焼くの。もう最近こんなサンマの焼き方をする人はいない。地元の人も知らない。ぜひ見せたかった。

アン　この焼き方は、なかなかいいですね。なーるほど。生活の知恵がにじみ出ていますね、ね。

宮原　わたしらの子どものときは、みんなこうやってサンマを食べていた。

アン　これはカッコいいですよね！　皿の上に、まっすぐなサンマを載せるよりこっちのほうが、美学がある。食べるときに、はしもいらないんですね。おいしそうですね。こうすれば、均一的に焼けるし……最高ですね。

宮原　昔は、サンマがあがると。こうして焼いて、中から食ったんです。

アン　中から食べるんですか？　なるほど。今までは、わたし、サンマを正しい食べ方で食べていなかったんですね（笑い）。

宮原　昔は、柚子がなかったから、青い蜜柑を絞ってかけていた。こういうのを食べて育ったんだ、（笑い）。

アン　わたしは、光り物が大好きです。これはおいしい。昔の人の生活の知恵、もっと見直す必要がありますね。こういう食べ方が伝承してないのが、残念ですね！

宮原　これは、どこも伝わっていないの。

（三重県漁連伊豆長島水産加工センターにて）

■紀伊長島町長奥山始郎さんの宮原評■

町長　宮原先生は、長島町きっての俊才というか、逸材なんですよ。県漁連で、胸像か銅像を建てようかという機運もあるんですが、おそらく先生は断っていらっしゃるんじゃないかなあ。近年、明治、大正、昭和にかけて、全漁連の会長をやっていたという方は、まず長島町にはいません。亡くなった同輩の叔父からわたしが聞いた話では、先生が子どものころ自分の庭先に魚を並べて売ろうとした。一日中魚の番をしたけれども売れなかった。そういう体験をなさって、「これではいけないなぁ、町をもっと改善して発展させていかないと漁民は幸せになれない」というふうに先生は、考えていたようだと聞きました。わたしが思うに、普通の人は、誰も幼少のころにそういうことは、考えませんね。そういう志がある方の中から、こういう立派な方が出てくるんでね。「栴檀《せんだん》は二葉より芳《かんば》し」という言葉が、わたしの脳裏を去りませんね。

アン　世のため人のために天から授かった宿命を背負った方なんでしょうね。

町長　でしょうね。天の導きっていうのもあるのかもしらんけど、先生が県会議員になっておれば、次は国会議員でしょ。落選したがゆえに、全漁連の会長になられた。この方を水産業界が離さなかったんだなぁと。逆に考えれば、こんなふうにも言えるのでは。

宮原　ずいぶん……ご迷惑ばっかりかけて。

町長　いやいや、そんなことないです。わたしは町長になって三年目になりますけども、いろんなことでご相談にあがるんです。

アン　政治の道に入られなかったことが、日本のためによかったのかもしれないですね。政治をおやりになっていたら、もしかしたら、総理大臣になられたかもしれないけど。

町長　それはわからんけれども、やはり一次産業でいちばん苦しんでる水産業、漁業も、ずいぶんこの方のおかげで、ぐっとレベル・アップしたんじゃないですか?　しかし、水産界、まだまだ改革してもらわないとね、宮原先生に。今後の課題も多いですねえ……。　**(町長宅にて)**

■漢詩■

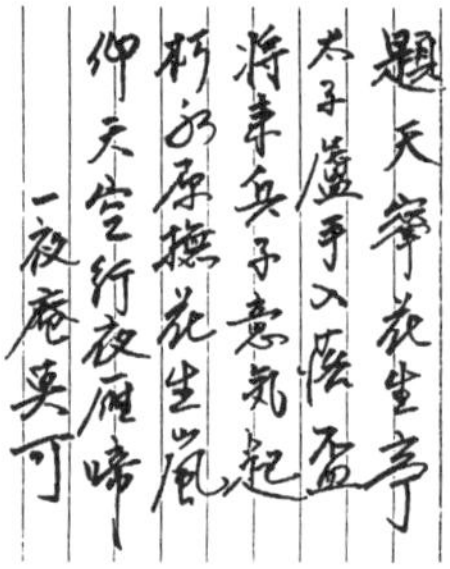

みなさん　読めますか?

おかみさん　これは会長さんのつくった漢詩。おおはやりでしたね。

宮原　「だい、てんねい、かせいてい」

おかみさん　みなさん、解読に手間どりまして、二時間でお帰りいただくお座敷が、四時間になるほど、はやったもんです。

宮原　これを書いたのは、二十年ぐらい前かね。東京から出たもので、読み人知らずやね。

おかみさん　漢文ですから、みんな頭ひねってひねってね。わたしたちに、なかなかお答えを教えてくださらないのですわ。お客さまが考える時間が長いほどお座敷も長くなるでしょ。わたしたちにとっては、そのほうが都合ええのですわ。だって、芸妓さんのオセンコウも増えますし**(笑い)**。　**(津市の料亭「はま作」にて)**

幸子夫人回想。

■一寸きわどい話■

アン　宮原さんは、若いころから料亭「はま作」の常連ですが、なにかおもしろいお話は？

宮原　わたしは八方美人やから、「心を通わすのが怖い」とみなさんに言われるね。上手言うたりするし。だから〝童貞〟を守ってるの。

おかみさん　そやけど昔は、噂もありましたやんね（笑い）。まあ、そういうのもないとね。

宮原　人を見るときは、「この人のええところはどこかいな」と。悪いとこを見てもあかんからね、いい特徴を見て、その人とつきあうという心情なんです。

おかみさん　わたしフラれました。

アン　あら、ほんと？

宮原　二十何年前の話。

おかみさん　わたしがお誘いしましたんですわよ。「今晩どうですか？」って。そしたら「あかんわ」って、東京で……残念でしたわ。ダンスしながらお酒飲んでねえ、今でこそ時効になっているから言えますけどねえ（笑い）。

宮原　歌舞伎座の三月末の見物のあとだったね、あれは。

おかみさん　なかなか切符がとれないからお願いして。

宮原　「連れてって、連れてって」てね……よう踊ったね、昔は。

おかみさん　今日は会長さんに踊っていただきましょうかね。お上手なんです。

宮原　ちょっと今日はあかん、足を捻挫してるからね。でも、この話、ちょっと脚色があるね。（津市の料亭「はま作」にて）

MIYAHARA'S KEY WORD 151

わたしは八方美人やから、「心を通わすのが怖い」とみなさんに言われるね。

MIYAHARA'S KEY WORD 152

人を見るときは、「この人のええところはどこかいな」と。悪いとこを見てもあかんからね。

鳥羽一郎さん（中央）とわたし（右）と息子の邦之（左）

■鳥羽一郎後援会長■

おかみさん　そういえば宮原さんは鳥羽一郎の後援会長さんじゃなかったですか？　あの人は売れるまで苦労してはったもんねえ。

宮原　全漁連会長室へクラウンの専務さんと鳥羽一郎と、ふたりでやってきた。弟の山川豊はすでに二年前に社会へ出ている。県の漁業取締船に乗っていた鳥羽一郎も負けず嫌いで、好きで歌もやっている。どうしても歌手で出たいということで、「船村徹、星野哲郎のふたりの推薦で、両先生が歌もつくってくれた。この子をひとつ使ってくれ」って専務さんが言う。全漁連では使えんから下部組織のの共水連を呼んで、使ってくれるようにお願いした。そんでバッと出たのが『兄弟船』。

おかみさん　ええ歌よね、あれ。

宮原　一年に新人で五十万枚売れたらすごいというね。鳥羽ちゃんには、「しばらく海の歌以外は歌うな」って言ったもんね。

アン　いつも思うんですが、演歌に農家の歌はあんまりないけど、海の歌はたくさんありますね。

宮原　農業にも、「りんごの歌」とかはあるけどねえ。

アン　しかし、すごいプロデューサーですねえ。「海づくり大会」から鳥羽一郎まで。ほんと、宮原さんの人間としての幅の広さには、ただ一言、「ワーォ！」、と言うしかない感じ……ただ、ただ、感心します。

（津市の料亭「はま作」にて）

ANNE'S TOP GUN SERIES 2

海幸無限

ETERNAL SEA

発行 二〇〇三年二月十日 第一刷
著者 宮原九一 あん・まくどなるど
発行者 礒貝 日月
発行所 株式会社 清水弘文堂書房
郵便番号 一五三―〇〇四四
住所 東京都目黒区大橋一―三―七 大橋スカイハイツ二〇七
電話番号 〇三―三七七〇―一九二二 FAX〇三―三七七〇―一九二三
郵便振替 〇〇一八〇―一―八〇一二
Eメール simizukobundo@nyc.odn.ne.jp
編集室 清水弘文堂書房ITセンター
郵便番号 二二二―〇〇一一
住所 横浜市港北区菊名三―三―一四 KIKUNA N HOUSE 3F
電話番号 〇四五―四三一―三五六六 FAX 〇四五―四三一―三五六六
郵便振替 〇〇二六〇―三―五九九三九
印刷所 プリンテックス株式会社
郵便番号 一〇二―〇〇七四 東京都千代田区九段南三―九―一一
電話番号 〇三―三二三九―八三〇九 FAX 〇三―三二三九―八四一二
□乱丁・落丁本はおとりかえいたします□

© Kuichi Miyahara Anne McDonald ISBN4－87950－559－5 C0095

ANNE'S TOP GUN SERIES 1

NON STOP DRY

泡の中の感動

瀬戸雄三

聞き手　あん・まくどなるど

ハードカバー上製本　Ａ５版四三二ページ　定価一八〇〇円

アサヒビール元会長（現取締役相談役）の感動泡談。

若いころから「お客様に新鮮なビールを飲んでもらう」ことと「感動の共有」を旗印に七転八起の人生——「地獄から天国まで見た」企業人の物語。アサヒビールがスーパードライをヒットさせ売上を伸ばし『環境経営』を理念に据え世界市場をめざすまでのノンストップ・ドライストーリー！　『ＳＥＴＯ'Ｓ　ＫＥＹＷＯＲＤ３００』収録。

才媛あん・まくどなるどが、和気藹々《わきあいあい》、しかし、鋭くビール業界のナンバーワン元会長（現取締役相談役）に迫る。